INTUICION DIVINA

Trust your intuition!
Lynn

INTUICIÓN DIVINA

LYNN A. ROBINSON, M.ED.

PRÓLOGO DE CHERYL RICHARDSON,
autora de *Take Time for Your Life*

UN LIBRO DE DORLING KINDERSLEY Y ALAMAH

UN LIBRO DE DORLING KINDERSLEY Y ALAMAH

Original Title: Whole Way Library Series: Divine Intuition

Director editorial: LAVONNE CARLSON
Director de arte: TINA VAUGHAN
Editor de proyecto: BARBARA MINTON
Dirección de arte: MASON LINKLATER
Producción: ELIZABETH CHERRY, MARYANN ROGERS
JOANNA BULL

De esta edición:
D. R. © Aguilar, Altea, Taurus, Alfaguara, S.A. de C.V., 2001.
Av. Universidad 767, Col. del Valle
México, 03100, D.F. Teléfono 56 88 89 66

Distribuidora y Editora Aguilar, Altea, Taurus, Alfaguara, S. A.
Calle 80 Núm. 10-23, Santafé de Bogotá, Colombia.
Santillana S. A.
Torrelaguna 60-28043, Madrid, España.
Santillana S. A.
Av. San Felipe 731, Lima, Perú.
Editorial Santillana S. A.
Av. Rómulo Gallegos, Edif. Zulia 1er. piso
Boleita Nte., 1071, Caracas, Venezuela.
Editorial Santillana Inc.
P.O. Box 19-5462 Hato Rey, 00919, San Juan, Puerto Rico.
Santillana Publishing Company Inc.
2043 N. W. 87 th Avenue, 33172. Miami, Fl., E. U. A.
Ediciones Santillana S. A. (ROU)
Constitución 1889, 11800, Montevideo, Uruguay.
Aguilar, Altea, Taurus, Alfaguara, S. A.
Beazley 3860, 1437, Buenos Aires, Argentina.
Aguilar Chilena de Ediciones Ltda.
Dr. Aníbal Ariztía 1444, Providencia, Santiago de Chile.
Santillana de Costa Rica, S. A.
La Uraca, 100 mts.Oeste de Migración y Extranjería, San José,
Costa Rica.

Primera edición: noviembre de 2001.
Traducción: Eunice Cortés
ISBN: 968-19-0864-3
Reproducción de color: Colourscan, Singapur
Impreso en China: L. Rex Printing Co. Ltd.

ÍNDICE

PRÓLOGO

de Cheryl Richardson, autora de TAKE TIME FOR YOUR LIFE

DESDE QUE TENÍA 13 AÑOS SOÑABA CON PUBLICAR UN LIBRO. AÑO TRAS AÑO, MIENTRAS ESCRIBÍA EN MI PERIÓDICO, fantaseaba con tener la vida de un autor. Lo logré finalmente 25 años más tarde.

Cuando mi trabajo como entrenadora personal fue reseñado en una revista nacional y un editor expresó interés, emprendí el duro trabajo de armar una propuesta de libro. Durante más de seis meses dediqué cada día a construir mi libro, comprometida como me sentía a terminarlo a tiempo. El día que terminé me di cuenta de que no tenía idea de qué haría después. ¿Debía enviarlo a un editor, buscar un agente o contratar un escritor para que corrigiera el estilo?

Lo que sí sabía, sin embargo, era cómo usar mi intuición para pedir la guía que necesitaba a fin de dar el siguiente paso. A lo largo de los diez años previos había aprendido gradualmente a detenerme, revisar, conectarme con mi sabiduría interna y actuar.

De modo que ahí estaba, parada a mitad de mi oficina, cuando decidí pedir orientación divina. "De acuerdo, Señor", dije, "si voy a publicar un libro, necesito instrucciones sobre qué debo hacer a continuación. Y las necesito en este instante". De inmediato el nombre de una mujer surgió en mi cabeza. Se trataba de alguien de mi pasado que había estado ligada al campo editorial. Sabiendo que era importante actuar a partir de la guía recibida, tomé el teléfono y llamé a Maggie en ese instante. "Maggie", le dije, "acabo de terminar de escribir mi primera propuesta de libro y no tengo idea de qué debo hacer después. Me detuve a pedir orientación a Dios y tu nombre surgió en mi cabeza. Me pregunto si tienes alguna idea".

"Es curioso", dijo Maggie, "ayer almorcé con una editora que acaba de renunciar a su puesto en una gran casa editorial para dedicarse a la edición en forma independiente. Durante el almuerzo mencionó el artículo que escribieron sobre ti y expresó interés en tu trabajo. Quizá querrías que echara un vistazo a tu propuesta antes de que lo envíes a dictamen. ¿Por qué no la llamas?"

Cuando Maggie me proporcionó esta útil información no me sorprendí por la sincronía de los eventos. Había experimentado el poder de la intuición en mi vida en muchas ocasiones anteriores. Se trata de esas "coincidencias mágicas" que se producen cuando solicitas información intuitiva y actúas a partir de ella. Este libro trata de cómo aprender formas prácticas para que nutras tu Intuición Divina.

Tengo el placer de conocer a Lynn Robinson desde hace más de 15 años y debo decir que hay pocas personas más calificadas que ella para enseñar cómo acceder y utilizar el poder de la Intuición Divina. En este libro hace lo que muy pocos maestros hacen: combina la sabiduría espiritual con consejos prácticos para ayudarte a descubrir tu mejor vía para lograr una vida que te guste. Conocí a Lynn en un centro de educación holística en Watertown, Massachusetts, llamado The Interface Foundation. Como era una de las maestras más populares, los dos programas de Lynn –"Crear la vida que quieres" y "Desarrollar tu intuición"– siempre estaban abarrotados. Lynn es una mujer lista. Concentraba su enseñanza en las formas prácticas en que sus alumnos pueden hacer que la intuición sea parte de su vida cotidiana. Su estilo accesible y es compromiso para vivir de acuerdo con los principios de los que el habla, la han convertido en una maestra dotada y en una sabia amiga.

Hay muchos caminos para crear la vida que quieres. Ninguno es mejor o peor. Lo maravilloso de este libro es que te guiará al más importante de todos: el camino que te conviene a ti. Cuando aprendas a desarrollar y confiar en tu Intuición Divina, comenzarás a vivir una vida auténtica y significativa, el tipo de vida que se supone debes vivir.

Por cierto, cuando atendí a mi Intuición Divina y llamé a la mujer que Maggie me recomendó, no sólo estuvo de acuerdo en revisar mi propuesta sino que se convirtió en el ángel guardián que me ayudó a hacer realidad el sueño de mi vida. No esperes para satisfacer tus sueños y crear una vida que te guste; comienza ahora mismo leyendo y aplicando los valiosos principios que Lynn Robinson tiene para ofrecerte.

Cheryl Richardson

INTRODUCCIÓN

Creo en la intuición. Creo en vivir mi vida intuitivamente.

Los sueños son una fuente vital de información intuitiva. Mi técnica para acceder a la guía de los sueños es escribir unos cuantos párrafos sobre un problema o preocupación actual antes de meterme en cama por la noche. Trato de sintetizar mi preocupación en una pregunta. Imagino que estoy enviando la pregunta a un ser o poder que identifico con Dios. Espero una respuesta de todo corazón. Puede que no llegue a la mañana siguiente, pero siempre llega. En ocasiones recibo una respuesta que llega a mi pensamiento totalmente acabada. Muchas veces recibo un pequeño fragmento de información, un murmullo del alma.

He aquí un simple párrafo que escribí antes de dormir en septiembre de 1997. He estado orando durante varios meses sobre mis siguientes pasos, el propósito de mi vida. Tengo un negocio exitoso dando lecturas intuitivas a individuos que provienen de todos los caminos de la vida. Me llaman de todas partes del mundo. Me siento inmensamente bendecida. Tengo muchos clientes. Me gusta lo que hago. Me siento culpable por no sentirme satisfecha con tanta abundancia como tengo en mi trabajo. Siento que brindo un servicio a la gente con la que hablo, así como a mi comunidad. Imparto clases y concedo entrevistas compartiendo lo que sé. Pero falta algo. Me siento culpable porque debería estar muy agradecida por la enorme riqueza que tengo en mi trabajo. Siento la necesidad de llegar a más personas y de compartir lo que he aprendido con más gente que anhela la espiritualidad, encontrar sentido, comprender por qué pasan las cosas que pasan.

Resumí lo anterior en esta pregunta: "¿Cuál es el siguiente paso que debería dar en mi trabajo?"

Éste fue el sueño que tuve: soy conducida por dos ángeles dorados por un corredor. Les pregunto a dónde vamos. Me informan que me llevan a una clase sobre "lo que Dios quiere que hagas". Les digo que estoy muy entusiasmada pues he estado orando por ello desde hace mucho. Les agradezco por acompañarme. Llegamos a la puerta del salón de clases. Un ángel señala un letrero en la puerta. El título del taller está impreso en él. Dice "Instrucciones de Dios". El otro ángel comienza a sacudirme suavemente. Dice: "Despierta y escríbelo. Ése es el tema de tu libro."

Este libro es el resultado de aquel sueño. No pretende ser un libro sobre lo que creo que Dios quiere que hagas. Tampoco trata sobre mi conversación con Dios. Trata sobre escuchar, sentir y experimentar la presencia de Dios a través de tu divino derecho inalienable, tu intuición.

La gente llama a Dios de muchas maneras: Conciencia Superior, Universo, Sabiduría Divina, por mencionar algunas. Cada persona tiene su propia interpretación del significado de la palabra "Dios". Para mí, el concepto de Dios supone una inteligencia invisible que anima nuestro mundo y proporciona sabiduría y amor para guiar nuestra vida.

A menudo hago el chiste de que debimos haber llegado con un instructivo divino que aclarara el propósito de la vida. O debieron darnos una audiocinta como la que recibían los personajes de la serie de televisión *Misión imposible*: "¡Ésta es tu misión y debes aceptarla!" Curiosamente, he llegado a creer con los años que en efecto recibimos una guía para la vida. Proviene de los murmullos de nuestra alma a través de la intuición. Cuando escuchas tu "guía interior", no sólo escuchas las instrucciones que necesitas para producir una vida de paz y sentido sino que también encuentras que recibes amplias instrucciones para vivir la vida de tus sueños.

En mi experiencia, recibí esas instrucciones de la siguiente manera. Había estado tratando de descubrir una carrera para mí durante años. Cuando andaba en los veintes trabajé para varias organizaciones no lucrativas. En mis treintas fui gerente de operaciones de una compañía de *software*.

Siempre quise trabajar por mi cuenta. Quería ser mi propio jefe, determinar mi horario y tener algún grado de independencia financiera. Ciertamente quería hacer más dinero del que estaba ganando en las organizaciones no lucrativas en las que trabajaba. Comencé a hacerme preguntas. ¿Qué es lo que me gusta? ¿Cómo sería mi situación de trabajo ideal? ¿Qué pasatiempos e intereses podría aprovechar como medio de vida? ¿Cuánto dinero me gustaría ganar? Puse todo esto por escrito y obtuve la siguiente lista:

Me gusta aconsejar a la gente. Me gusta estudiar metafísica y los procesos de la conciencia. Soy buena para escuchar. Me gusta enseñar. Quiero trabajar en forma independiente. Me gusta escribir.

Coquetée con la idea de convertirme en psicóloga. Envié algunas solicitudes y acudí a unas cuantas entrevistas. Me deprimieron y me desilusioné. Sentía denso todo ese asunto. Creo que la intuición se expresa a menudo a través de sentimientos y sensaciones corporales y esa sensación de pesadez me indicaba que la consultoría profesional no era una buena elección para mí.

Pensé convertirme en psíquica. Tomé clases para desarrollar las facultades psíquicas y descubrí que tengo un enorme talento natural en esta área. Mi preocupación principal era "¿Cómo desarrollo un negocio de lectura psíquica?" Bromeaba diciendo que si Dios pusiera un anuncio: "Se solicita lectora psíquica", en la sección de empleos dominical del *Boston Globe*, le respondería. Aparte de eso, no tenía idea de por dónde empezar.

Había estudiado metafísica por varios años. La teoría básica de esta filosofía señala que cualquier cosa en la que concentras tu atención tiende a manifestarse de algún modo en tu vida. Reflexioné sobre la manera en que podía aplicar esto a mi deseo de encontrar una nueva profesión. Conocía el resultado que esperaba; ¡lo que no sabía era cómo obtenerlo! Decidí poner a trabajar lo que sabía de metafísica práctica. Quería ver si podía conseguir alguna ayuda de lo que llamo cariñosamente "los asistentes del universo". (Más adelante me extiendo al respecto.)

Mi meta: "Tener un negocio de lectura psíquica exitoso y de tiempo completo."

Mis visualizaciones: 1) Mi agenda está llena de citas con clientes. 2) Veo un cliente feliz sentado frente a mí mientras le hago una lectura psíquica. 3) Veo el parpadeo de mi contestadora que indica mensajes de muchos clientes.

Cuando llevaba alrededor de un mes dedicada a este proceso, un amigo, que había estado enfermo por largo tiempo, murió. Al entrar al salón de la funeraria sentí una fuerte inclinación a sentarme junto a una mujer a la que no conocía. Había varias personas en el salón a las que conocía y hubiera preferido sentarme al lado de ellas para recibir apoyo emocional, sin embargo, la sensación era tan fuerte que me senté junto a la extraña.

Al terminar los servicios, la mujer y yo comenzamos a hablar y me preguntó a qué me dedicaba. ¿Te ha ocurrido alguna vez que tu boca y tu cerebro no se ponen de acuerdo? A pesar de que mi trabajo en ese entonces era el de gerente de operaciones, contesté "Soy psíquica". Inmediatamente sentí alarma: "¡¿Por qué había respondido de ese modo? ¿Qué pensaría ella?!" En efecto, había hecho algunas lecturas para unos cuantos amigos y amigos de amigos, pero nunca me había definido de ese modo. Me sentí confundida por mi respuesta, pero para mi sorpresa resultó ser bastante abierta y receptiva. Me dijo que escribía para el *Boston Globe* y que le encantaría recibir una lectura para poder escribir algo en su columna.

Concertamos una cita en su casa. ¡Estaba tan nerviosa! ¡¿Y si lo arruinaba todo?! ¿Qué pasaría si no conseguía información alguna? ¿Y si le molestaba lo que le decía? ¿Y si me equivocaba? Atarantada, llegué a casa. A pesar de mi ansiedad, en cuanto comencé la sesión una asombrosa paz me invadió. La información fluyó fácilmente sin exigirme esfuerzo y ella quedó complacida.

Semanas después habló para decirme que había escrito un artículo sobre nuestra sesión. Quería prevenirme para que no me decepcionara si no aparecía en su columna. Estaba segura de que su editor no lo aceptaría, sobre todo por el tema mismo y porque en general no permitía artículos sobre personas específicas en la columna. Unos días después llamó de nuevo y dejó el mensaje de que su editor estaba entusiasmado con el artículo y lo había aprobado.

He aquí lo que Mopsey Strange Kennedy escribió en un artículo titulado "Psicología psíquica" en el *Boston Globe* el 21 de junio de 1987:

Cualquiera que sea la idea particular de lo que debería ser una psíquica, Lynn Robinson no lo es. Hay algo práctico en lo que ofrece y, al mismo tiempo, es claro que tiene ciertas "visiones" extraordinarias en puntos específicos de la vida de un cliente. Asociada en alguna época a Interface, un centro holístico, Robinson tiene lo que podría llamarse en forma laxa un enfoque de psicología espiritual. Puede ser descriptiva y hacer explicaciones sobre una situación o relación, pero no prescinde de ocasionales sugerencias directas. Sus descubrimientos tienen más que ver con adaptarse a los ritmos de la vida de una persona, comprender los bloqueos reacios y áreas de flujo en las que podría tener lugar eso que llamamos crecimiento. Sus intuiciones se caracterizan por una sutileza tipo zen que favorece la flexibilidad y la gracia, incluso en presencia de lo que podría ser inquietante o doloroso.

En los seis meses siguientes recibí más de 400 llamadas a partir de este único artículo. La mayoría de esas personas hicieron cita: había arrancado mi negocio. Mi meta se había hecho realidad en una forma que nunca hubiera podido armar sólo a partir de mis propios recursos. ¡Tenía un exitoso negocio de lectura psíquica! Entonces me di cuenta... había hecho el chiste de que quería que Dios pusiera un anuncio de "lectura psíquica" en el *Boston Globe*. ¡Y había ocurrido! Sólo que no fue en la sección de empleos.

Éste es mi relato de cómo uno de mis sueños se hizo realidad con la ayuda del Universo. Este libro trata sobre cómo ayudarte a aprender a entrar en contacto con la rica sabiduría disponible a través de tu don de la intuición. Espero poder ayudarte a recibir instrucciones de Dios para que puedas vivir con entusiasmo y alegría. Comencemos.

Lynn A. Robinson

"PARA EL SER
ESPIRITUAL,
LA INTUICIÓN ES
MÁS QUE UNA
CORAZONADA.
ES UNA GUÍA O LA
VOZ DE DIOS,
Y ESTA INTUICIÓN
INTERNA NUNCA
ES MENOSPRECIADA
O IGNORADA."

WAYNE DYER

INTUICIÓN DIVINA: ¿INSTRUCCIONES DE DIOS?

Escogiste este libro por varias razones. Alguien te dijo que le gustó. Quizá escuchaste hablar de mí. Quizá te sientes perdido y necesitas de alguna orientación y este libro dice que puede ayudarte a "crear una vida de amor y esperanza". Si eres una del 95% de personas que creen en Dios, quizá te sientas suspicaz de lo que significa Intuición Divina, o de lo que ello tiene que ver con Dios. Pero, ¿quién o qué es Dios? ¿Qué tiene que ver Él o Ella o Eso con intuición y con mejorar tu vida? Hacer estas preguntas es un buen comienzo.

TODO EL MUNDO CREE ALGO ACERCA DE DIOS, incluso si se trata de un convencido ateo que cree que Dios no existe. ¿Cuál es tu visión de Dios? ¿Un viejecito con túnica blanca sentado en un trono en un impresionante lugar desconocido? ¿Crees que la vida es un accidente y que estás aquí por azar y luego tendrás que morir? Quizá crees que hay un propósito en que estés aquí pero no has sido capaz de averiguarlo. Tal vez deseas desesperadamente que la vida te aclare sus reglas.

¿Cómo sabes que Dios existe? Tal vez has leído muchos libros sobre el tema y sobre religión. Quizá no has leído uno solo. Mi comprensión de la Intuición Divina podría ayudarte a encontrar algunas respuestas.

No soy estudiosa de la Biblia ni experta en religión. Provengo de una familia cristiana que veía la iglesia y la escuela dominical como algo que se atendía en los días festivos, lo que significa que no crecí en una casa profundamente religiosa o espiritual. Adquirí mi comprensión de Dios a través de casi 20 años de experiencia como consejera intuitiva.

He hablado con miles de clientes y de estudiantes sobre el significado de su vida y de la vida en general. He visto gente batallar, preocupada por ser castigada por un Dios vengativo. He visto a otros adorar a Dios como una fuente positiva y amorosa de guía y consuelo. Aun otros más no creen en Dios y sin

"EL SILENCIO ES
EL LENGUAJE DE DIOS Y
TODO LO DEMÁS ES
UNA MALA TRADUCCIÓN."

PADRE THOMAS KEATING

embargo experimentan dificultad con la idea de encontrar un propósito y un sentido.

Mi intención al escribir este libro no es añadir otro más al volumen de textos que proclaman "Tengo la respuesta". Mi propósito es asistirte para que encuentres tu propia respuesta. Creo que la llave a tu destino reside en tu corazón y en tu alma. El poder que llamo "Dios" está allí y puedes entrar en contacto con él a través de tu intuición o guía interior.

Creo que Dios y la sabiduría divina están conectados a nuestros genes y a nuestra razón de ser. Desde tiempos inmemoriales hemos adorado, de algún modo, un poder superior. Desde que los seres humanos están en este planeta han dejado huellas de una energía, deidad, Dios o fuerza superior.

Dios como fuerza positiva

Creo que Dios existe como una fuerza positiva en la vida de todos. Creo que no importa cómo veas a Dios: como Diosa, Fuente de Vida, Amor, Energía Divina, Espíritu, Potencial de Vida, Inteligencia Universal, o como un viejecito sabio sentado en las nubes rodeado de ángeles. A menudo personificamos lo que no podemos ver o comprender. Así, el modo como veas a "Dios" está bien para el propósito de este libro. Puedes encontrar cosas valiosas aquí incluso si eres un total descreído. Marianne Williamson describe a Dios como "el amor puro y omnipotente que gobierna el universo y reside en todos nosotros".

"LA PRIMERA PALABRA
QUE ME SURGE SOBRE
LA EXPERIENCIA DE
DIOS ES PAZ.
ME SIENTO AMADO, ME SIENTO
PROTEGIDO, Y LA PAZ VIENE CON ESO
SIN IMPORTAR LO DIFÍCIL DE LA
SITUACIÓN."

BERNIE SIEGEL

"PONDRÉ MI LEY EN SU INTERIOR Y SOBRE SUS CORAZONES LA ESCRIBIRÉ."

JEREMÍAS 31:33

No hay una verdad única o un modo correcto de ver a Dios.

Muchos discutirán ese hecho y afirmarán tener "La respuesta". Han habido incontables guerras acerca de quién posee la creencia correcta sobre Dios. Encontrarás tu verdad dentro de ti. Allí está Dios.

Una energía que impera

Espero que en estas páginas encuentres algún consuelo y orientación. Cualesquiera sean tus creencias sobre la fuente, tienes acceso a una sabiduría más profunda que reside en tu alma. Tu intuición puede invocar las respuestas de esta Sabiduría Divina y ayudarte a vivir plenamente con el corazón abierto y los brazos extendidos.

He encontrado que las religiones tienen en común es que nos aconsejan amar a los demás, perdonar, ser serviciales y actuar con humildad y compasión. La gente ha experimentado a Dios en el viento, en una iglesia o templo, en las trincheras de una guerra, en la calle, en los ojos de un bebé, en el último suspiro de un ser querido, en un auto, una oficina e incluso un bar. Dios es energía, es espíritu omnipresente. Está verdaderamente en todas partes: al despertar, al dormir y al morir.

Los más lógicos dirán que no puedo probar que Dios existe. Es cierto que no puedo señalar la presencia de Dios y decir "Allí está. ¡Justo allí!" Sin embargo, veo signos de su presencia en todas partes. La Sabiduría Universal reside en el narciso que sabe florecer en primavera cuando la tierra está caliente. El amor divino está en el corazón de mi vecina cuando me trae la cena al volver yo de un largo viaje. Siento la presencia del Espíritu cuando oigo reír niños en bicicleta afuera de mi casa. Soy testigo de la protección de la Diosa cuando mi amiga da a luz a su hijo.

Lo más importante de todo es que, a través de tu intuición, obtienes iluminación y orientación de Todo-Lo-Que-Existe, que llamo Dios. Esta sabiduría forma parte de ti y, aunque no puedes tocarla ni verla, puedes experimentarla. Está allí y es real. Espero que a través de este libro cobre vida para ti y puedas usarla para crear una vida que te guste.

"SI ESCUCHAMOS AL CREADOR DENTRO DE NOSOTROS MISMOS, NOS DIRIGIRÁ HACIA EL CAMINO CORRECTO."

JULIA CAMERON

¿QUÉ ES DIOS?

A continuación diez preguntas por considerar al comenzar el libro. Algunas de las respuestas pueden serte familiares ya y otras lo serán más adelante, con la lectura.

✦

1) ¿Has experimentado alguna vez la presencia de Dios? De ser así, describe la experiencia.

✦

2) ¿Qué te enseñaron sobre Dios cuando eras niño? ¿Crees lo mismo ahora? De no ser así, ¿en qué difieren?

✦

3) ¿Qué prácticas (como orar, meditar o asistir a servicios religiosos) te acercan a Dios?

✦

4) ¿Cómo visualizas a Dios?

✦

5) ¿Cuál es el propósito de la vida?

✦

6) ¿Qué te aleja de Dios?

✦

7) ¿Oras, o pides orientación de otro modo?

✦

8) De ser así, ¿cómo recibes la respuesta?

✦

9) ¿Qué crees que Dios quiere que aprendas en esta vida, de ser así?

✦

10) ¿Qué nombre das a Dios?

"EL INTELECTO TIENE
POCO QUE VER EN
LA VÍA DEL
DESCUBRIMIENTO.
HAY UN CHISPAZO EN LA
CONCIENCIA, LLÁMESE
INTUICIÓN O COMO SE
QUIERA,
QUE TRAE LA SOLUCIÓN
SIN QUE UNO SEPA CÓMO
O POR QUÉ."

ALBERT EINSTEIN

EL DON DE LA INTUICIÓN

Creo que cada persona ha elegido venir a esta vida con una misión: tu propósito en la vida, lo que te ofrece regocijo y entusiasmo. La raíz de la palabra entusiasmo es entheos. Significa literalmente "Dios dentro". Medita un momento en lo que eso significa. Cuando te sientes entusiasta con tus sueños significa que Dios está hablando a través de ti y asiente a tus metas. Este entusiasmo es una de las maneras en que la intuición nos habla.

EL MÚSICO KENNY LOGGINS OBSERVÓ EN UNA OCASIÓN QUE "EL SENTIMIENTO ES EL ESPEJO DE DIOS; LA INTUICIÓN ES EL TELÉFONO DE DIOS". Sé por propia experiencia y a partir del trabajo con mis clientes y estudiantes que la intuición es una fuente estable y confiable de sabiduría para guiar nuestra vida. Es una fuente interior que nos ofrece orientación inequívoca hacia nuestros sueños y esperanzas. Afortunadamente, todo el mundo la tiene y todos somos capaces de desarrollarla para utilizarla en forma práctica en la vida cotidiana, así como para descubrir y alcanzar nuestras metas.

Mucha gente piensa que la intuición es el don de unos cuantos, a pesar de que es sabido que no se trata de un talento raro y accidental sino de una capacidad natural que todos tenemos y podemos desarrollar. Creo que el mundo será un lugar mucho mejor cuando todos sepamos cómo utilizar de manera sistemática el don de la intuición para mejorar la calidad de nuestra vida.

Todos hemos escuchado el consejo: "Haz caso a tu corazón", "Escucha tu voz interior", "Confía en tu propia guía". Se trata de maneras en que recibimos esa guía intuitiva. Estas frases comunes lo hacen parecer fácil, pero ¿qué haces cuando tu voz interior parece ser tu peor crítico o cuando el niño que llevas dentro se desata? ¿Cómo puedes aprender a distinguir entre tu autoconocimiento interior (tu intuición) y tus más profundos temores?

María Moliner define intuición como "acto intelectivo que proporciona el conocimiento de las cosas por su sola percepción, sin razonamientos". Deriva del latín "intueri", que significa "ver dentro".

> "CUANDO COMBINAMOS PENSAMIENTO Y SENTIMIENTO, INTELECTO Y EMOCIÓN, Y LE AÑADIMOS EL RECONOCIMIENTO DE DIOS, CONTAMOS CON UN PODER IRRESISTIBLE."
>
> CIENCIOLOGÍA

El psicólogo Carl Jung llamó intuición a una de las cuatro funciones psicológicas básicas, junto con el pensamiento, el sentimiento y la sensación. La describe como la función que "explora lo desconocido y adivina posibilidades e implicaciones que pueden no ser evidentes de golpe".

Es un modo de conocer, de sentir la verdad sin explicación alguna. Mi definición favorita de intuición es la de una chica de 15 años que dijo: "La intuición es cuando sé algo, pero ¿cómo lo supe?"

PARA OBTENER PERCEPCIÓN VALIOSA

La intuición es una fuente que proporciona información adicional, que no proviene del lado analítico, lógico y racional del cerebro. Puede ser una herramienta confiable y valiosa cuando se entiende y desarrolla su lenguaje. Una intuición perspicaz te permite ganar vital y valiosa percepción de ti mismo, de tus hijos, amigos, socios y del mundo que te rodea. Aún más importante, como verás en este libro, es que te proporciona la guía para que puedas reconocer y alimentar los pensamientos y acciones que te permitirán alcanzar tus sueños y esperanzas.

¿Por qué es importante atender a tu intuición? Cuando atiendes a tu intuición te conecta con un gran conocimiento, esa parte de ti que tiene la perspectiva más amplia de tu vida sobre tus más sinceros intereses. Puede proporcionarte un oasis de paz en medio del caos, devolverte la armonía, ayudarte a quitarte prejuicios, darte confianza para emprender acciones y prepararte para cambios en tu vida. Puede ser también una valiosa guía conforme avanzas para alcanzar tus sueños.

Desarrollar la intuición es como aprender a desarrollar cualquier habilidad, sea manejar un nuevo programa para computadora o volverte profesional con un instrumento musical. Es decir, entre más uses tu intuición, lo harás mejor. La intuición se convierte en una segunda naturaleza cuando la practicas. Si usas tu intuición en forma continua, desarrollarás un "conocimiento instantáneo". Este sexto sentido, la

> "HAY UNA INTELIGENCIA ORGANIZADORA INVISIBLE DE LA QUE TODOS FORMAMOS PARTE. TODOS ESTAMOS AQUÍ POR UNA RAZÓN."
>
> WAYNE DYER

> ¿QUÉ ES LA VERDAD? PREGUNTA DIFÍCIL, PERO LA HE RESUELTO EN LO QUE A MÍ CONCIERNE DICIENDO QUE ES LO QUE TE DICE TU VOZ INTERIOR.
>
> MAHATMA GANDHI

corazonada, se vuelve confiable y puedes apoyarte en él al tomar una decisión.

CÓMO RECIBES INTUICIÓN

La intuición puede llegar en muchas formas: imágenes, símbolos, sueños vívidos. Por ejemplo, un diseñador que recibe impresiones visuales podría "ver" la solución a un problema de diseño como una serie de imágenes relacionadas con el producto.

Las impresiones intuitivas también se experimentan quinestésicamente; pueden recibirse bajo la forma de emociones, conocimientos directos, frío o calor en el cuerpo. Un terapeuta intuitivo podría, por ejemplo, recibir impresiones "sintiendo" la dirección que debe dar a uno de sus pacientes.

Otra forma de recibir información es verbal. Podrías escuchar palabras en la mente o descubrir que tus respuestas intuitivas están compuestas por metáforas o símbolos. "Escuchas" las palabras que te indican una nueva dirección emprender. En el ejemplo que utilicé en la Introducción, "escuché" la instrucción de "sentarme junto a una extraña", durante el funeral de mi amigo. No existe una manera "correcta" de experimentar la información intuitiva; es lo que mejor te funciona a ti.

Ernest Holmes, fundador de la Cienciología, dice: "Cuando el científico escucha, el artista imagina, el matemático calcula o el poeta escucha a su musa para orientar su fantasía en el mundo de las imágenes, está orando para recibir guía divina. Cada uno recibe tanta orientación como es capaz de percibir."

En este libro encontrarás ejercicios, herramientas y oraciones para que el intelecto te ayude a acceder a este don del Espíritu. Naciste con un sistema interior de orientación diseñado para crear la vida de tus sueños. ¡Sólo tienes que descubrirlo!

SESENTA SEGUNDOS DE PAZ

Un ejercicio sencillo para que comiences. Lo llamo "Un minuto con Dios". Como muchos afirman no tener tiempo para sentarse a orar o meditar, ¡con este ejercicio ya no tendrás excusa! Es muy efectivo.

✦

Cierra los ojos, respira profundo y pronuncia la palabra "relájate" mientras sueltas el aire lentamente. Repite hasta que sientas que estás tranquilo y centrado. Ahora, sencillamente invoca la presencia de Dios. No existe la manera "correcta" de hacerlo. Cualquier modo es correcto. Serénate, libérate de ansiedades, alcanza una sensación de paz y bienestar. Mantén esta serenidad al inspirar. Libérate de las preocupaciones al expirar.

✦

Di: "Estoy lleno y rodeado por la presencia y el espíritu de Dios. Estoy en paz." Visualiza el amor y la luz divinos envolviéndote. Imagínate sentado en esta energía descansando.

✦

Practicar este sencillo ejercicio unas cuantas veces al día produce asombrosos resultados de recuperación. Te ayuda a cambiar de perspectiva, liberarte del estrés y obtener mayor energía.
He descubierto que cuando me tranquilizo de esta manera tengo intuiciones espontáneamente, y las inhibo cuando estoy tensa y acelerada.

> EL CONOCIMIENTO INTUITIVO ES UNA ILUMINACIÓN DEL ALMA, POR MEDIO DE LA CUAL MUESTRA, A LA LUZ DE DIOS, ESAS COSAS QUE LE COMPLACE REVELARNOS MEDIANTE UNA IMPRESIÓN DIRECTA DE CLARIDAD DIVINA.
>
> RENÉ DESCARTES

«DENTRO DE
20 AÑOS
ESTARÁS MÁS
DECEPCIONADO
POR LO QUE NO
HICISTE QUE
ORGULLOSO DE
LO QUE HICISTE.
DE MODO QUE
LIBÉRATE DE LAS
PRISAS. PARTE DE
PUERTO SEGURO.
ATRAPA LOS VIENTOS
EN TU VELA.
EXPLORA. SUEÑA.
DESCUBRE.»

MARK TWAIN

HAZ TUS SUEÑOS REALIDAD

¿Cuáles son tus sueños? ¿Los has olvidado? Muchos los olvidan. Comienzas esta vida con sueños, esperanzas y ambiciones que a menudo desaparecen a consecuencia de tus temores: ¿Qué pensarán los demás? ¿Puedo ganar suficiente dinero con eso? ¿Cómo me sería posible alcanzar esa meta? No soy lo suficientemente bueno. No tengo la educación adecuada o el dinero suficiente para alcanzar mi sueño. A menudo renuncias a tus metas antes de siquiera haber comenzado. Cuando tienes un sueño y estás comprometido con alcanzarlo, tu vida cobra un nuevo significado. Tienes un propósito en la vida.

CUANDO DESCUBRES QUE UN SUEÑO SE DESARROLLA, te sientes entusiasta. ¿Qué te hace feliz y te proporciona regocijo? Puede ser algo pequeño o algo grande: quizá te encanta la jardinería o administrar una corporación o cuidar bebés. Cuando haces lo que te gusta, te apropias la energía de la esperanza, la paz y el perdón. Gradualmente aprendes a dar pequeños pasos para crear una vida que te gusta.

ESCUCHA A TU GUÍA

"¿Qué ves en mi vida?" es la pregunta que con mayor frecuencia me formulan cuando comienzo una sesión con un cliente. Lo traduzco como "Por favor, ayúdame. He olvidado cuál es mi sueño y necesito ayuda para reencontrarlo". Con frecuencia caemos en quejarnos de lo que no funciona en nuestra vida. Olvidamos escuchar a nuestra guía interior, con la que todos contamos y que puede reorientarnos.

¿Has olvidado tus sueños? Cuando niño, probablemente podías llenar tus días de imaginación, curiosidad, interés y regocijo. ¿Cuáles son tus fantasías actuales? ¿Qué piensas cuando te detienes en un

> "LLEGA ALTO, PORQUE LAS ESTRELLAS RESIDEN OCULTAS EN TU ALMA. SUEÑA PROFUNDO, PORQUE CADA SUEÑO PRECEDE A UNA META."
>
> PAMELA VAULL STARR

semáforo en rojo o estás recostado en tu cama el domingo por la mañana sin tener que levantarte con el despertador? ¿Te imaginas lo que sería echar a andar tu nuevo negocio? Quizá sueñas con pasar los días practicando la jardinería. No es necesario que tu sueño tenga que aplicarse a tu trabajo o profesión. Puede ser una manera de ganarte la vida o, sencillamente, un pasatiempo o una vocación.

Tus sueños y esperanzas son parte de tu sistema de orientación, que proviene de lo que llamo "Dios". A menudo he deseado que el Dios que imaginé de niña, el que tenía larga barba blanca y estaba sentado en un enorme trono, bajara del cielo y me dijera: "LYNN ROBINSON, ¡ÉSTE ES EL PROPÓSITO DE TU VIDA!" Luego me entregaría el guión por escrito. ¿No sería más fácil de esa manera? Pues efectivamente el sistema para recibir estos extraordinarios "mensajes divinos" está integrado en cada persona. Es la "intuición", y todos la tenemos. Me gusta compararla con un correo electrónico universal.

SÉ FIEL A TUS DESEOS

Cuando era adolescente, me sentía perdida. Parece que no tenía la menor idea de mis ambiciones en la vida. Crecí en un colegio en Massachusetts donde todos parecían saber a qué querían dedicarse cuando fueran grandes. La mayoría de los padres de mis amigos eran brillantes, gente bien educada que enseñaba en las universidad locales. Se esperaba de todos nosotros que fuéramos a la universidad y que tuviéramos profesiones exitosas y bien remuneradas.

Elegir una carrera universitaria es más fácil si quieres hacer algo "normal" como ser contador, maestro o biólogo marino. Pero, ¿qué elegir cuando estás fascinado por la espiritualidad (pero no por la religión organizada), cuando te comunicas con tus guías espirituales y te encanta leer libros sobre habilidades psíquicas? Cuando tenía casi 15 años mi madre, preocupada, me concertó una cita con el orientador vocacional de la preparatoria. Era un hombre mayor (¡alrededor de los 30!) que me pareció muy poco sensible. Me preguntó sobre mis intereses y pasatiempos y sobre lo que me gustaba en la escuela. Creo que no supo qué hacer conmigo o qué carrera universitaria recomendar a una adolescente con mis intereses. No me hizo sugerencias y nunca volví a verlo. Renuncié a mis sueños porque no podía imaginar por dónde comenzar.

VIVE LA VIDA QUE SOÑASTE

Una canción grabada por Judy Collins dice: "En los valles buscas las montañas. En las montañas buscas los ríos. No hay a dónde ir. Estás donde perteneces. Puedes vivir la vida que soñaste." Muchos no lo creemos porque –es triste– hemos olvidado nuestros sueños.

Sentimos que nos rebasa la vida. Parecemos planear cada minuto y, por ello, tenemos que robarle tiempo al tiempo, cuando nos detenemos en un semáforo o cuando estamos a punto de quedarnos dormidos por la noche, para soñar despiertos. Soy convencida partidaria de las fantasías. Creo que nos informan lo que necesitamos en nuestra vida.

Para darte un ejemplo muy simple: si pasas mucho tiempo imaginando cómo sería estar una semana en la playa leyendo novelas, ¡quizás es hora de que te tomes unas vacaciones! Tu sistema de orientación te lo informa a través de esas imágenes. Tus fantasías son placenteras generalmente por una razón: te convocan como diciendo "Prueba esto". Se trata de tu intuición, bajo la forma de fantasías, que te muestra algunas

> "TODO AQUELLO QUE PUEDAS HACER O SOÑAR, EMPRÉNDELO. LA OSADÍA TIENE GENIO, PODER Y MAGIA."
>
> GOETHE

soluciones posibles a un problema o una preocupación. ¿Qué ocurriría si estuvieras seguro de que todo por lo que te preocupas actualmente va a resolverse bien? ¿Qué pasaría si supieras que tienes una sabiduría interna que puede manejar cualquier situación que se te presente –e incluso, si es muy difícil saldrás bien librado de ella–, que tienes una fuente constante de abundancia que fluye dentro de ti todo el tiempo? ¿Qué pasaría si no tuvieras que preocuparte? ¿Qué harías?

TU MAGNÍFICO SISTEMA DE ORIENTACIÓN

A mucha gente le falta práctica para escuchar su sistema interno de orientación. Han ignorado los sutiles "avisos intuitivos" de su yo interior hasta que pierden contacto con sus sueños. La gente recibe esta guía de muchas maneras distintas. No hay UNA correcta. La información intuitiva puede proceder a través de la meditación, de una fuerte emoción o de simplemente "saberlo".

Piensa en tus propios sueños y esperanzas. ¿Hay algo que realmente deseas en tu vida? Quizá un nuevo trabajo, un cambio positivo en una relación, un negocio que te encantaría echar a andar. Si eres como la mayoría de las personas, a menudo te sientes apabullado y no sabes por dónde empezar para alcanzar tus metas. Puede ser que te sientas abrumado con opciones o que no tengas ni una sola. De cualquier modo, te resulta difícil decidir qué dirección tomar.

Quieres vivir tus sueños pero siempre los haces a un lado esperando que cambien tus circunstancias. Y puede ser que así ocurra... quizá el representante de la lotería se presente un día en TU casa y te diga: "¡Acabas de ganar...!" Un día tendrás realmente el tiempo, dinero y circunstancias que siempre has querido. Incluso quizá llegues a sentir que mereces tus sueños. ¿No sería maravilloso?

Que cambien o no tus circunstancias no es relevante. Pon atención a esos sueños. Te informan sobre tu propósito en la vida. ¿Tendría sentido para Dios enviar personas a la Tierra con la siguiente indicación: "Concéntrate en lo que te haga sentir mal, negativo, exhausto y enervado"?

Por fortuna, los seres humanos han sido enviados a este mundo con un magnífico sistema de orientación interno. Realmente es muy fácil ubicarlo; sólo pregúntate: "¿Qué me hace feliz, me regocija o hace temblar de emoción?" Si no sientes algo parecido sobre cosa alguna en la vida, eso también forma parte de tu sistema de orientación y te indica qué hacer.

¿QUÉ INTUICIONES TIENES?

Escribe unas cuantas frases en un cuaderno, sobre algo para lo que necesites orientación intuitiva. Por ejemplo: "Querido Dios: estoy listo para dejar mi trabajo actual y me gustaría (llena el espacio con tu sueño). Por favor, dame información a través de mi intuición sobre el camino correcto que debo seguir. Gracias."

✦

Lleva siempre un cuaderno contigo. Cuando tu intuición hable, ¡pon atención! Confía en que tu orientación divina te ofrecerá palabras, sentimientos, intuiciones y sueños que te guiarán hacia el camino correcto. Al final de cada día revisa tus notas y ve si te sugieren una dirección.

✦

¿Estás dispuesto a actuar de acuerdo con la información? ¿Qué podrías hacer hoy para comenzar a hacer realidad tus sueños? Un modo para saber que estás alineado con el Universo es que te sientes más y más vital. Observa qué te regocija y entusiasma, y qué te desgasta. Cuando comienzas a decir sí a tus entusiasmos, estás en camino de hacer que tus sueños cobren vida. Confía en que tu guía divina no te dejará caer. Te mostrará el camino.

¡COMIENZA HOY!

Al principio no te preocupes con la pregunta "¿Cómo puedo hacer dinero realizando este sueño?" No te sugiero que de inmediato mandes al diablo a tu jefe, te pido que pongas atención a tus sueños diurnos; que comiences a verlos como instrucciones de Dios para una vida más feliz. Estos cambios no ocurrirán de un día para otro. Pero, ¿por qué no comienzas hoy mismo? Si lo haces, podrías descubrir que el mero acto de comenzar puede transformar tus circunstancias. Actuar de acuerdo con tus sueños es una parte importante de alcanzar tus metas. Como observó Will Rogers: "Incluso si estás en el camino correcto, tendrás que volver a comenzar si sólo te quedas sentado allí."

"LA BUENA NOTICIA
ES QUE DIOS ES REGAÑÓN.
NO SE RINDE. SI ESTAMOS
DESTINADOS A EJECUTAR
ALGÚN PLAN DIVINO,
NO SEREMOS CAPACES DE
HACER CASO OMISO.
PARA MÍ, DIOS NO SÓLO
MURMURA DENTRO.
SI SE SUPONE QUE DEBO
RECIBIR UN MENSAJE,
COMIENZO A VERLO Y A
ESCUCHARLO DONDE QUIERA:
LIBROS, SERMONES,
PROGRAMAS DE TELEVISIÓN,
CONVERSACIÓN CON
LOS AMIGOS."

ELLEN DEBENPORT

AVISOS INTUITIVOS

Se ha dicho que las coincidencias son la manera en que Dios permanece anónimo. A menudo un hallazgo se produce en nuestra vida como forma de mostrarnos que vamos por el camino correcto. La intuición rara vez te envía el mensaje una sola vez. Si no captas el mensaje la primera ocasión, seguirás escuchando, sintiendo y viendo lo que llamo "avisos intuitivos", que te señalan el camino correcto a partir de tu sistema de orientación interno.

TÓMATE UNOS MINUTOS EN ESTE PRECISO INSTANTE Y PIENSA EN UN CAMBIO IMPORTANTE QUE HAYAS OPERADO EN TU VIDA en los pasados cinco años. ¿Puedes recordar algunas de las circunstancias que te llevaron a la decisión de realizar ese cambio? Lo más probable es que hayas tenido una corazonada inicial de que sería bueno hacerlo. Entre más investigaste y emprendiste acciones, mejor te sentiste. Pareció que las puertas se te abrían; comenzaron a producirse sincronías. Se trata de avisos intuitivos. Estás recibiendo el "¡SÍ!" de Dios.

¿ES TU SUEÑO LO SUFICIENTEMENTE AMBICIOSO?

En el maravilloso libro *Building Your Field of Dreams*, Mary Morrissey sugiere que te hagas cinco preguntas para determinar si tu sueño –tu meta– es lo suficientemente ambicioso: "¿Este sueño me alivia? ¿Es consistente con mis valores? ¿Necesito de ayuda de una fuente superior para hacerlo realidad? ¿Me exigirá este sueño que desarrolle mi verdadero yo? ¿Bendecirá este sueño, en última instancia, a los demás?"

Cuando tenemos un sueño, nuestra guía interior nos dice que hay algo nuevo y excitante que debemos buscar. Nuestra tarea no consiste en averiguar todos los pasos necesarios para alcanzar esa meta, sino en seguir la guía a través de los "avisos intuitivos" que nos conducirán hasta alcanzar nuestro sueño.

"DIOS BUSCA UNA OPORTUNIDAD
DE REVELARSE
ANTE TI,
SI LO PONES A PRUEBA
Y ESPERAS
SIN PREJUICIOS
LA RESPUESTA, SIN IMPORTAR
COMO SE DÉ, TE
GARANTIZO
QUE TE ESPERAN
INTERESANTES SORPRESAS."

PAT BOONE

LAS FORMAS QUE ADOPTAN LOS AVISOS INTUITIVOS

Tus pensamientos En ocasiones un sutil cambio en la percepción de una dificultad que estás enfrentando abre un mundo de opciones que no parecían existir previamente. Recuerdo una época en que mi negocio estuvo flojo durante unos meses. Comencé a asustarme y a orar para que las cosas mejoraran. Me sentí frustrada porque parecía que no obtenía orientación a partir de mis oraciones y meditación. Decidí dar un paseo para ver si podía liberarme de la depresión que experimentaba. Mientras caminaba pensé en todas las cosas por las que me sentía agradecida con la vida. Conforme mi humor comenzó a mejorar y recuperé la esperanza, empezaron a surgir en mi mente ideas para comercializar mi negocio. Antes de terminar el paseo tenía un plan de acción. En unas cuantas semanas, luego de que comencé a instrumentar mis ideas, tenía nuevos clientes.

Imágenes/símbolos Todos estamos familiarizados con la sentencia "Una imagen dice más que mil palabras." ¡Tu sistema de orientación interior también lo sabe! Albert Einstein creía profundamente en el poder de la intuición. Escribió que a menudo recibía elementos de sus soluciones creativas a través de imágenes visuales mientras que "las palabras u otros signos tenían que ser buscados afanosamente". Usaba lo que llamaba "experimentos de pensamiento" para llegar a soluciones de problemas muy complejos. Un día, tuvo la imagen de una persona montada en un rayo de luz, ese símbolo enviado por su intuición dio origen a la teoría de la relatividad. También informó que muchas de las soluciones que buscaba le llegaban mientras se rasuraba.

Tus sueños He mencionado que mi negocio comenzó prácticamente de la noche a la mañana cuando apareció un artículo en el *Boston Globe*. Todavía trabajaba para una compañía de *software*. Desgarrada entre mi salida de ese empleo para dedicarme a la lectura de tiempo completo o tratar de hacer las dos cosas a la vez, estaba experimentando mucha ansiedad. "¿Puedo hacer mi trabajo de *software* y comenzar mi negocio de lectura psíquica al mismo tiempo?", fue el modo de preguntar a Dios en mis plegarias. Seguía pensando en ello al quedarme dormida una noche. Me desperté a la mañana siguiente riendo. Había recibido la respuesta en mis sueños. Soñé que estaba en un lago, en dos canoas. Así es. Tenía un pie en una canoa y el otro en otra canoa y ¡cada una apuntaba en una dirección distinta! Anuncié mi renuncia al día siguiente y no me he arrepentido.

Emociones Tu orientación puede llegar también bajo la forma de un sentimiento o una emoción. Muchas veces he estado luchando con una decisión: "¿Debería elegir esto o aquello?" Puedo dar vueltas en la mente tratando de evaluar lógicamente todas las diferentes posibilidades que pueden surgir de una elección determinada. A menudo no tienes un camino práctico para saber si una decisión te resulta correcta o no. ¿Qué hacer entonces? En la segunda película de la serie *Star Wars*, *El imperio contrataca*, Luke Skywalker pregunta a Yoda, su mentor: "¿Cómo voy a distinguir lo bueno de lo malo?" Yoda responde: "Lo sabrás a través de la paz y la calma." La respuesta de Yoda es intuitiva. Incluso cuando tienes que tomar una

"TENGO LA SENSACIÓN DE QUE MI VIDA ME FUE ASIGNADA POR DESTINO Y TIENE QUE SER CUMPLIDO. ESO ME DA UNA SEGURIDAD INTERIOR... A MENUDO SIENTO QUE EN LOS ASUNTOS DECISIVOS YA NO ME ENCUENTRO ENTRE LOS HOMBRES SINO SÓLO CON DIOS."

C.G. JUNG

decisión difícil y dolorosa, generalmente una de las elecciones te reporta comodidad o "paz y calma" al resolver tu dilema.

Intuición física Tu cuerpo te proporciona un cúmulo de orientación y de retroalimentación. Todos hemos oído hablar de las "corazonadas". Los japoneses tienen una palabra interesante para designarlo: "haragei", cuya traducción podría ser "arte estomacal". ¿Qué siente tu cuerpo cuando tomas una decisión? Mucha gente reporta pesadez o un nudo en el estómago cuando toma una mala decisión. Puedes experimentar un escalofrío de reconocimiento o un impulso de energía positiva a través de tu cuerpo cuando la decisión que estás tomando te lleva hacia la dirección correcta. Tu cuerpo cuenta con diversas maneras de comunicarte su conocimiento intuitivo. Si aprendes a ponerle atención, es posible que recibas valiosa orientación sobre tus elecciones y la dirección de tu vida.

Otras personas Tu intuición puede guiarte hacia otros que pueden proporcionarte una solución a lo que te preocupa. Recientemente hablé con una cliente, Carla, que estaba muy preocupada por el desempeño escolar de su hijo Jay en quinto grado. Me dijo que ella y su marido estaban planeando separase y como consecuencia, Jay tenía problemas en la escuela. Durante la semana anterior Carla había orado para saber cómo ayudarlo. Me dijo que al ir a la escuela se sintió fuertemente impulsada a acercarse a la maestra de segundo grado. Carla confió a la mujer lo que estaba ocurriendo en su familia. La maestra mencionó que recién había comenzado un programa extra escolar para niños con problemas familiares que requerían de mayor supervisión y entrenamiento y que le encantaría tener a Jay en su programa. Fue una maravillosa respuesta a las oraciones de Carla. Jay regresó feliz a casa después de la primera sesión.

"PONGO A PRUEBA MIS CREENCIAS EN EL CUERPO, EN MI CONCIENCIA INTUITIVA Y, CUANDO OBTENGO UNA RESPUESTA, ENTONCES LA ACEPTO."

D. H. LAWRENCE

LA ESCRITURA DIRIGIDA

Una técnica que uso a menudo para obtener orientación interna es la "escritura dirigida". Éstos son sus pasos:

✦

1) Comienza por escribir unas cuantas oraciones sobre el reto que estás enfrentando actualmente en tu vida.

....

....

....

✦

2) Escribe una pregunta en una frase que sintetice tu preocupación, de tal modo que convoque algo más que un "sí" o un "no". Ejemplos: "¿Cómo puedo hacer más dinero?" o "¿Qué debería hacer para incrementar mi intuición?"

....

....

....

✦

3) Con tu cuaderno y una pluma sobre el regazo, cierra los ojos. Usa cualquier técnica que te ayude a alcanzar cómodamente un estado de profundo relajamiento. Podrías utilizar un mantra o contar de 10 a 1 o concentrarte en tu respiración mientras inhalas y exhalas con lentitud.

✦

4) Imagina que estás pleno y rodeado de luz y amor. Con que sólo te habite la intención podrás hacerlo de manera correcta. Respira varias veces profunda y relajadamente.

✦

5) Haz tu pregunta. Debes estar dispuesto a esperar en silencio hasta que obtengas una respuesta. La intuición llega de muchas maneras. Puede que escuches palabras, tengas un sentimiento, recibas una imagen, una sensación corporal o quizá la idea íntegra formulada en tu cerebro. Comienza por escribir cualquier respuesta o impresión que recibas. Quizá descubras, conforme escribes, que te llega más información. Muchas personas reportan sentir que lo están inventando y, sin embargo, cuando actúan de acuerdo con la información recibida, son orientadas en una dirección positiva.

✦

6) Abre los ojos y revisa lo que escribiste. ¿Hay alguna acción que puedas emprender, aunque mínima, a partir de esa intuición? ¿Qué te indica hacer el "aviso"?

....

....

....

....

....

....

....

7) Puede resultarte útil llevar un diario de tus escritos dirigidos y revisarlo de vez en cuando. Puede ser que te sorprendas retroactivamente por la precisión de tu guía.

✦

Cuando tenemos un sueño, recibimos la sabiduría interior por muchas vías diferentes para ayudarnos a alcanzarlo.

«DIOS NOS HABLA TODOS LOS DÍAS, SÓLO QUE NO SABEMOS CÓMO ESCUCHARLO.»

MAHATMA GANDHI

¿ES DIOS EL QUE ESTÁ "AL TELÉFONO"?

¿Cómo puedes descubrir quién eres y por qué estás aquí? ¿Buscas en el exterior o en tu interior? Ese vago latido en tu estómago ¿es tu sabiduría interna informándote la nueva dirección que debes tomar o es algo que comiste que te hizo daño?

ES COMÚN TENER ENORMES DIFICULTADES PARA DIFERENCIAR MIEDOS, ESPERANZAS, SUEÑOS Y PENSAMIENTO MÁGICO de una verdadera guía. En ocasiones se vuelve tan complicado que uno comienza a desear que llegue una llamada urgente de parte de Dios.

Creo que forma parte de la naturaleza humana tratar de suponer la respuesta divina en diversos signos. Confiesa. ¿No lo has hecho? Como cuando dices: "Si el semáforo se pone en verde antes de que llegue entonces la respuesta que estoy buscando es 'sí'." La gente trata de encontrar revelaciones cósmicas en signos, símbolos, patrones y formas. Contamos con informes de este tipo desde tiempos remotos. Por ejemplo, en Babilonia un hombre sabio o baru estudiaba los órganos de un animal para encontrar respuesta a preguntas sobre el futuro.

Todos hemos tenido preguntas aparentemente irresolubles flotando en la mente en algún momento: "¿Por qué estoy aquí?" "¿Quién soy?" "¿Hay algún propósito superior a mi existencia?" "¿Qué sería correcto hacer en esta situación?" "¿Qué cambios debería hacer?" "¿Cómo puedo saber si se trata de la voz de Dios hablándome?" ¿Cómo sabes quién eres y qué debes hacer? ¿Buscas orientación fuera de ti mismo? ¿Tiene la respuesta correcta el

"La EXPERIENCIA de Dios más deliciosa es sentirse completamente SOSTENIDO, apoyado, e INFUNDIDO de un amor más allá de las PALABRAS. Como el sentimiento que que describió el salmista: estar SOSTENIDO en la PALMA de Dios o ser arropado por alas de ángeles. SEGURO y CONTENTO."

Joan Borysenko

ministro, rabino, Buda, Jesús, Mahoma u otro líder religioso? ¿Está la respuesta correcta en la Biblia, el Corán u otro libro religioso? ¿Que tu mejor amigo te asegure que estás en el camino correcto es, necesariamente, la respuesta correcta para ti? ¿Buscas signos? ¿Experimentas una vaga necesidad de hacer las cosas de un modo u otro y terminas por hacer nada?

Lineamientos para una guía

Mucha gente cree que la guía divina desapareció con los tiempos bíblicos, que la única sabiduría que Dios nos proporciona proviene de la Biblia. Si lees la Biblia, podrás encontrar indicaciones divinas a los famosos personajes históricos para dirigir su vida. En el mundo actual, si alguien dice "Dios me ordenó que hiciera esto" tenderíamos a preocuparnos por su salud mental o por nuestra propia seguridad.

Te ofrezco, pues, algunos "lineamientos para una guía", aun si parece algo obvio. Si estás recibiendo una verdadera instrucción de Dios, no serás guiado hacia situaciones que lesionen o lastimen a nadie.

¿Cómo y cuándo sabes que has recibido la guía divina? A continuación, algunas de las maneras en que estudiantes de mis clases han respondido esta pregunta:

- Cuando experimento sincronía o coincidencia, mis siguientes pasos reciben un "¡sí!" que retumba.
- Un sentimiento de paz me invade al contemplar el curso de las acciones.
- Tengo idea de la "perspectiva total" que está desarrollándose en mi vida.
- Comienzo a sentir compasión o perdón hacia alguien que me había herido o traicionado.
- Escucho la letra de una canción que no puedo sacar de mi mente y que tiene relevancia para lo que me preocupa.
- Me detengo en un libro o escucho una conversación y parece que las palabras estuvieran dirigidas directamente a mí en respuesta a mi solicitud de orientación.
- Siento que recibí la guía de Dios cuando comparto mis preocupaciones con una amiga y ella me escucha y responde con verdadero amor y compasión.
- Comienzo a sentir gratitud o a tener una actitud de aprecio por mi vida aun cuando atraviese por una época difícil.
- La intuición que aparece en mi mente inmediatamente después de una plegaria es, en general, la orientación correcta que sigo.
- Si el mensaje contiene pensamientos de esperanza, amor, ánimo, sabiduría, fortaleza y consuelo, sé que proviene de Dios.

> "ENTONCES, CUANDO TODAS LAS COSAS QUEDARON ENVUELTAS EN PROFUNDO SILENCIO, OÍ PRONUNCIAR LA PALABRA OCULTA."
>
> MAESTER ECKHART

> "EXPERIMENTAR A DIOS ME PROPORCIONA LA SENSACIÓN MÁS PROFUNDA DE AMOR, BELLEZA Y AZORO: CONCIENCIA DE SER UNO CON EL CREADOR Y SU CREACIÓN, CONFIANZA TOTAL Y PAZ INTERIOR."
>
> WILLIS HARMAN

¿Qué significa seguir un "camino espiritual"?

Dan Wakefield lo define en su libro: *How Do You Know When It's God*: "Quizá 'seguir un camino espiritual' signifique sencillamente el esfuerzo por vivir en forma decente y fructífera con los talentos y los defectos recibidos y en las circunstancias con las que se está lidiando (y que lidian con uno) y tratar de hacerlo a la luz de la fe en Dios, un Poder Superior y/o la tradición religiosa como guía."

Creo que una de las maneras en que Dios se comunica contigo es a través de tus sentimientos de entusiasmo, pasión y deseo. La palabra deseo está compuesta por el prefijo latino de-, que significa "desde", y sidus, que significa "estrella". Significa literalmente "de las estrellas". Demasiado a menudo las personas hacen de lado sus esperanzas de vivir una vida de sueños realizados. Ignoran el llamado de su sabiduría interior y creen que los deseos simplemente están allí como parte del egoísmo o de la autoindulgencia. ¿Qué cambiaría en tu vida si comenzaras a ver tus esperanzas y deseos como un llamado de Dios?

Uno de los mayores errores que he observado es que la mayoría espera que el llamado de Dios le llegue en alguna forma impresionante que "atraiga su atención". En ocasiones ocurre de ese modo. Generalmente no. "El trueno no es dueño del cielo", dijo Rod Serling en una ocasión, "ni un dedo huesudo desciende de las nubes para señalarte mientras se escucha estallar el estruendo de una voz: '¡Tú! ¡Tú eres el ungido!'"

> "Escúchame: guarda silencio, y yo te enseñaré sabiduría."
>
> Job 33:33

Generalmente, Dios se comunica a través de la proverbial vocecita serena, o tal vez se te presente a través de un sentimiento, una impresión fugaz o un simbólico golpe de intuición. La interacción que Dios establece contigo es animándote a hacer lo correcto, a escuchar la guía, a amarte a ti mismo y a los demás, a unirte en comunidad, a ser auténtico y

> "Creo que las voces deben ir hasta lo más hondo de nosotros mismos. A menudo he soñado que el cielo debería estar hecho de voces."
>
> George Eliot

a perdonar. Cuando creces para reconocer las muchas maneras en que Dios se comunica, llegas a confiar en su sabiduría.

¿Qué haces cuando atraviesas por una época difícil y no sabes qué camino tomar? Quizá estás batallando para decidir si emprendes una nueva profesión o preguntándote cómo puedes ser mejor padre para tu problemático hijo. Sean cuales fueren las dificultades en que te encuentres, confía en que tus respuestas existen en tu interior. La autora y ministro Mary Manin Morrissey afirma: "Dios nos imbuye con perfectas medidas de verdad en las que podemos confiar cuando estamos serenos y escuchamos realmente la voz de Dios en nuestro interior."

LA RESPUESTA "¡SÍ!"

He aquí una técnica que uso para ayudarme a aclarar la dirección a partir de mi guía intuitiva.

✦

1) Utiliza tu diario para escribir, tanto como lo necesites, lo que te está molestando. Cuando sientas que lo has dicho todo, puedes proceder al siguiente paso.

✦

2) ¿Qué resultado quieres? Algunos ejemplos podrían ser:
- Quiero tener un cuerpo sano.
- Quiero construir una relación armoniosa con mi ex marido.
- Quiero tener un trabajo divertido, satisfactorio y que me pague bien.
- Quiero estar en paz con este asunto.

✦

3) ¿Cuáles son cinco opciones que tengo que me llevarán al resultado que quiero?

✦

4) Siéntate tranquilamente y piensa, una a una, en estas opciones. Al menos una de ellas resonará en ti sugiriéndote: "Sí, esto está bien." Puede ser que lo experimentes como una sensación corporal, como una sensación de paz o calma, como si te dijeran "¡sí!" al oído, como un símbolo que indica una respuesta positiva. Hay diversos modos en que tu guía se comunica contigo.

✦

5) Pon en marcha esta opción.

> "¿CÓMO SE EXPERIMENTA A DIOS?... EN ESOS MOMENTOS, MI CUERPO SUFRE CAMBIOS: ESTREMECIMIENTO, APERTURA, LIGEREZA, CONEXIÓN CON TODO. TENGO UNA SENSACIÓN DE CLARIDAD ACERCA DE LO QUE DEBERÍA HACER, UNA SENSACIÓN DE TOTALIDAD, GRACIA Y ACCIÓN UNÍVOCA."
>
> GURUCHARAN SINGH KHALSA

La amorosa presencia de Dios te llena de sabiduría y te informa de pensamientos y acciones que te animan a amar, perdonar, prestar un servicio, tener compasión y vivir tu vida plenamente con amor. Recibes la guía de Dios hacia estas metas en cada momento del día, te des cuenta de ello o no. Puedes estar tan atrapado en el hábito de dudar o contradecirte automáticamente que ni siquiera sepas cómo prestar atención a nada más.

Pide orientación a Dios. Afirma tus intenciones y pide ayuda si tienes dificultades. Invierte tiempo cada día, en espera de guía meditando o nada más imaginándote en el flujo del Espíritu y de la Sabiduría Divina. Siempre reserva tiempo en tu vida para hacer algo que te haga feliz y te llene de regocijo. Esto tiene más efectos en tu paz anímica que cualquier otro factor. Cuando puedas experimentar paz durante los momentos difíciles, sabrás que Dios está en verdad "al teléfono".

"LOS PARACAÍDAS NO DEMOSTRARON SER CONFIABLES PORQUE LA GENTE LOS LLEVARA A LAS ESPALDAS. EL MECANISMO MOSTRÓ SU CONFIABILIDAD UNA VEZ QUE ALGUIEN SALTÓ. TAMBIÉN PODEMOS CONFIAR A DIOS NUESTRA VIDA, LO QUE DESCUBRIMOS UNA VEZ QUE DAMOS UN SALTO DE FE."

MARY MANIN MORRISSEY

CONFÍA EN EL ORDEN DIVINO

Quizá estás comenzando a sentir lo que la Madre Teresa cuando dijo: "Sé que Dios nada me dará que no pueda manejar. Sólo deseo que Él no confíe demasiado en mí." El Universo tiene un plan perfecto para tu crecimiento y desarrollo como ser humano. En las lecturas a mis clientes, a menudo recibo una imagen simbólica de lo que parece ser un rompecabezas que llena el cosmos por entero. Cada vez que lo veo recuerdo que cada quien tiene una pieza de ese rompecabezas con la que contribuye. Hay un gran proyecto universal para el desarrollo y crecimiento del alma individual, así como para la especie humana.

LOS SERES HUMANOS ESTÁN CONECTADOS PARA RECIBIR SABIDURÍA Y GUÍA DE DIOS. Cuando una persona aprende cómo escuchar su intuición, esa persona escucha la guía que le muestra el siguiente paso que debe dar. No tienes que preocuparte por todos los detalles a propósito de cómo alcanzar esas metas y visiones. Sólo necesitas estar preocupado por escuchar cuáles son los siguientes pasos.

DÉJALO IR Y DÉJALO EN MANOS DE DIOS

Probablemente leíste la frase "Déjalo ir y déjalo en manos de Dios". ¿A qué se refieren? ¿Significa que no tienes un papel o responsabilidad alguna en este proceso? Dejarlo en manos de Dios siempre me sonó tan pasivo que me provocaba ansiedad. En lugar de ayudarme, pensaba en ello como renunciar a lo que quería. Pero eso no es confiar.

Confiar en Dios es creer que hay una energía amistosa, abundante, amorosa y sabia que te apoya y quiere lo mejor para ti. Dejar que tus miedos, preocupaciones, deseos y oraciones "queden en manos de Dios" significa que confías en, y trabajas con, esta energía. Dios trabajará contigo a través de tu propio sistema de orientación integrado para ayudarte a sacar de ti lo que deseas.

Me siento más cómoda cuando emprendo acciones respecto a un asunto. La idea de que parezca que "nada hago", excepto dejarlo en manos de Dios, ha sido difícil de entender y de aceptar. He aquí una técnica para obtener resultados. Cuando estés comenzando a preocuparte acerca de un asunto, acuérdate que tienes que liberarte de esa preocupación y que recibirás una guía para resolver tu problema.

Al esperar esa guía diariamente te descubrirás dando un paso cada vez. La respuesta puede provenir de una idea inspirada, un sueño, o una intuición fugaz hacia una nueva dirección. Cuando te mires hacia adentro en forma consistente, al preguntar "¿Cuál es el curso de acción correcto?" o "¿Qué camino debería tomar?", serás recompensado con una sabia guía divina. Siempre estará allí acompañando tus pasos por la vida. Descubrirás que tus miedos comienzan a desvanecerse al avanzar con confianza en todas tus tareas.

LA CAJA DE RENDICIÓN

Escribe tu preocupación en una tarjeta de 3 x 5. He aquí un ejemplo: "Querido Dios, estoy pasando por un momento difícil para comunicarme con Rose, mi ex esposa, respecto a nuestra hija. Necesito una nueva manera de reabrir el diálogo entre nosotros y me siento atorado. Nada de lo que intenté ha funcionado. Te estoy rindiendo esta preocupación y pidiendo tu guía divina para sanar."

✦

Resume tu preocupación en una pregunta. "¿Cómo puedo comunicarme más eficientemente con Rose?"

✦

Cierra los ojos y ve a tu santuario interior o a tu paz interior. Respira profundo unas cuantas veces hasta que sientas que tu energía comienza a cambiar.

✦

Invoca a Dios. Imagina que estás en presencia de un amor, luz y sabiduría increíbles.

✦

Repite la preocupación que escribiste en la tarjeta. Haz tu pregunta. Escucha cualquier palabra, sentimiento, imagen o intuición repentina. Mantén un respetuoso silencio que permita a la guía o sabiduría entrar en tu conciencia. En ocasiones, de esa quietud emergerá una nueva opción.

✦

Cuando te sientas listo, imagina que colocas esta preocupación en una burbuja de luz. Ve cómo se desprende hacia el universo. Sabe que recibirás información que te ayudará a resolver este asunto.

✦

Coloca tu tarjeta en una caja y en un entrepaño donde la veas con frecuencia. Tengo mi caja decorada con la palabra "Rendirme" escrita en ella.

DIOS EN LA VIDA COTIDIANA

Haz lo que tu guía interior te diga que hagas. En ocasiones esto supone fe y valor. Comienza con pequeños pasos. Conforme sigas confiando en esta intuición, llegarás a comprender que el propósito y la misión de tu vida está desarrollándose. Una inteligencia invisible te guía y orienta verdaderamente hacia una vida más apacible y armoniosa.

A continuación una plegaria anónima que encuentro útil cuando atravieso por un mal momento:

> *"Hoy voy a rendir mis preocupaciones y dificultades a Dios. Permaneceré en silencio y sabré que la confusión desaparecerá. Permaneceré en la paz que siento. Tendré el valor de emprender la acción correcta. Me sentiré en paz al saber que se ha aclarado el camino. Amén."*

He aquí algunos de los supuestos básicos que tengo sobre el papel de Dios en mi vida:

- ✦ Hay una energía sabia, amorosa e inteligente que llamo Dios. Esta energía fluye a través de mí y a través de todo el universo.
- ✦ No soy capaz de ver esta energía, pero elijo creer que Dios existe y que le importo de corazón.
- ✦ Creo que Dios me informa a través de mi intuición sobre mi mejor y más elevada dirección. Esta guía, si la sigo, me lleva a una mayor paz y armonía en todos los aspectos de mi vida.
- ✦ Creo que parte de lo que Dios quiere de cada ser humano es aprender a amar y ser amado. Dios quiere que la gente sea amable, tolerante y compasiva. En última instancia llegamos a comprender que podemos sobrevivir y florecer a través de nuestra cariñosa interdependencia.

> "SENTADO TRANQUILAMENTE, SIN HACER NADA, LA PRIMAVERA LLEGA Y EL PASTO CRECE SOLO."

POEMA ZEN JAPONÉS

✦ Hay muchos caminos para encontrar y experimentar a Dios; la oración y la meditación o puedes ser alguien que siente la presencia de Dios más fuertemente en la naturaleza, la música, la danza o el arte. Otras sienten su conexión con Dios a través de su compromiso con su cónyuge, hijos y familia, o a través del servicio que prestan a su comunidad.

No estás solo

He descubierto un gran secreto a lo largo de los 20 años de lectura psíquica: todos hemos tenido alguna mala racha. No he encontrado una sola persona que no la haya tenido. A lo largo de tu camino espiritual, es probable que caigas en una suerte de tierra baldía. Estos lugares desolados en tu ser no siempre pueden ser detectados por un observador desprevenido. Tiendes a suponer que todos los demás están bien y que no han atravesado por los miedos, vergüenza, culpa y humillación que tú experimentas.

¿Cómo describirías esa época y las circunstancias de tu mala racha? Pudo haber sido una serie de relaciones fallidas o un adulterio. Una pérdida financiera, laboral o empresarial pudo haberte sumido en la desesperanza. Tú o un ser amado pudo haber atravesado por una crisis de salud. Pudiste haber sentido que Dios te había abandonado en ese momento; sin embargo, en estos tiempos desérticos Dios expande tu alma permitiéndole abrirse a mayor amor y más sabiduría.

Es difícil comprender por qué las cosas malas o difíciles ocurren cuando uno está tratando de estar bien y de hacer lo correcto. La prueba consiste en que sigas creyendo definitiva y consistentemente que el Universo está de tu lado. Según la autora y ministro Marianne Williamson: "El reto consiste en siempre someter nuestra propia voluntad, pedir a Dios que nos use en su servicio para curar el mundo y ver con amor la vida entera. El Universo siempre nos está escuchando."

> "NO TRATES DE FORZAR NADA.
> DEJA QUE LA VIDA SE LIBERE PROFUNDAMENTE.
> VE CÓMO DIOS ABRE MILLONES DE FLORES CADA DÍA SIN FORZAR LOS CAPULLOS."

BHAGWAN SHREE RAJNEESH

«YO MARCHARÉ DELANTE DE TI Y ALLANARÉ LAS PENDIENTES.»

ISAIAH 45:2

CAMINO CLARO, VIDA POSITIVA

Cuando eras niño quizá tenías una idea más clara de lo que te hacía feliz. Estabas deseoso de probar nuevas cosas y de asumir riesgos sin pensarlo demasiado. Al crecer, tal vez sentiste muchas restricciones y eventualmente perdiste el contacto con el verdadero llamado y con el propósito de tu vida. Quizá te acostumbraste a acallar tus mensajes interiores en busca de visiones más pragmáticas. Debido a ello, puedes sentir que no tienes idea de lo que quieres o de lo que te haría en verdad feliz. Sientes que vas a ningún lado y que llegas demasiado pronto.

SABES QUE TU VIDA NECESITA UN CAMBIO. QUIZÁ ESTÁS EN UNA VÍA aburrida o tal vez sólo deseas hacer algo nuevo y estás dispuesto a probar cualquier cosa. La verdad es que necesitamos cambiar para florecer. ¿Cómo empiezas a averiguar dónde comenzar cuando no sabes a dónde vas? Una posibilidad es que sabes lo que quieres y necesitas pero tal vez padeces seriamente de lo que llamo los "sí pero".

He aquí algunos ejemplos de "sí pero" que he oído a mis clientes: "Me encantaría aprender sobre curación. Siempre estoy tomando clases y leyendo libros sobre el tema. Me fascina... pero no podría vivir de eso." O: "Si pudiera ir de compras todos los días estaría en el cielo. Me encanta la moda y el color y aconsejar a mis amigas en su atuendo. Pero decidí ir a la escuela de administración porque no puedo comprar y hacer dinero." Estas dos personas tienen un claro acceso a sus sueños y pasiones pero de entrada eligen ignorar esos mensajes interiores por lo que parece algo más práctico.

¿QUÉ TE HACE FELIZ?

Aunque puede parecer una extraña "instrucción de Dios" el querer comprar como parte de la misión de una vida, voy a contarte el final de la historia. Mi clienta, a la que llamaré Kay, terminó eligiendo ser

> "LA ACTITUD ES MÁS IMPORTANTE QUE EL PASADO, QUE LA EDUCACIÓN, QUE EL DINERO, QUE LAS CIRCUNSTANCIAS, QUE LO QUE LA GENTE HACE O DICE. ES MÁS IMPORTANTE QUE LA APARIENCIA, EL TALENTO O LA HABILIDAD. LO ASOMBROSO ES QUE TODOS LOS DÍAS TENEMOS UNA ELECCIÓN RELATIVA A LA ACTITUD QUE ADOPTAREMOS ESE DÍA. NO PODEMOS CAMBIAR NUESTRO PASADO. NO PODEMOS CAMBIAR EL HECHO DE QUE LA GENTE ACTÚA DE CIERTA MANERA. NO PODEMOS CAMBIAR LO INEVITABLE. LO ÚNICO QUE PODEMOS CAMBIAR ES JUGAR CON EL HILO DEL QUE PENDEMOS, Y ÉSA ES NUESTRA ACTITUD."
>
> CHARLES SWINDOLL

consultora de imagen. Además de trabajar con ejecutivos ayudándoles a seleccionar ropa y estilos que convienen a su imagen profesional, también trabaja con mujeres que viven de la asistencia social. Kay dicta seminarios sobre autoconfianza, habilidades para entrevistar y cómo vestirse para tener éxito. Kay es alguien que superó sus "sí pero", confió en su intuición a través de la excitación que sentía y echó a andar un excelente negocio sirviendo a los demás, lo que le permitió hacer dinero en algo que le encanta.

Nuestra cultura se concentra en lo que está mal. Por ejemplo, ¿cuándo fue la última vez que oíste hablar de fondos de investigación para el estudio de gente saludable y feliz? Cuándo fue la última vez que fuiste a un terapeuta que te preguntó "¿Qué te hace feliz?" ¿Has ido alguna vez a un médico que te felicite por todas las cosas que funcionan bien en tu cuerpo?

CONCÉNTRATE EN EL PRESENTE

Si crees que aquello en lo que te concentras con el pensamiento se intensifica en tu vida, ¿por qué no poner toda tu atención en lo que te hace sentir feliz, estimulado y saludable? Una de las técnicas que me funciona cuando me siento molesta es sencillamente preguntarme: "¿Hay otra forma de pensar este asunto?" Cuando me sorprendo en las primeras etapas de preocupación y pensamiento negativo, comienzo a concentrarme en lo que quiero en lugar de hacerlo en lo que no quiero.

¿Sabes que es perfectamente normal sentir resistencia o ansiedad cuando intentas algo nuevo? Siempre me siento así. Acostumbraba pensar que eso significaba que no debía hacer aquello que me había propuesto. Tengo la tendencia a pensar con mucha anticipación y sentirme rebasada con facilidad a propósito de cómo llegar a mi meta desde aquí.

El truco pra romper este hábito de pensamiento que aflige a muchas personas tiene dos pasos: 1) simplemente comienza y 2) hazlo poco a poco. Da un primer paso hacia lo que te entusiasma y luego otro y otro más. Permanece centrado en el presente. Allí reside tu poder. Confía en tu impulso interior a partir de tu intuición. Cuando sigas a tu pasión, tu entusiasmo y tu conocimiento interior, descubrirás lo que te hace sentir feliz y satisfecho. Cuando sepas lo que quieres, encontrarás un camino claro para alcanzarlo. Tu guía te muestra el camino.

He descubierto que muchas personas toman el camino de la menor resistencia. No tienes empleo y cuando te ofrecen uno, piensas: "Quizá debería tomarlo." Tal vez hayas escuchado el dicho "Si no sabes a dónde vas, probablemente terminarás allí". Es cierto en muchas situaciones de tu vida. Tienes que revisar lo que dice tu guía interior y preguntarte: "¿Es una buena decisión?" ¿Cómo podrías saberlo si no lo preguntas?

USA TU INTUICIÓN PARA TOMAR DECISIONES

Quiero que pruebes algo nuevo. Piensa en una decisión que tengas que tomar. Podría ser una cuestión profesional o un asunto que estás enfrentando en una relación o quizás un nuevo lugar en el que puedes vivir. En un pedazo de papel escribe dos posibles elecciones que estés considerando. Tal vez tengas más opciones disponibles, pero para fines del ejercicio elige sólo dos. Ahora hazte la pregunta "¿A dónde lleva esta decisión?" Debajo de esas dos posibilidades escribe cualquier cosa que se te ocurra. No descartes ninguna información como irrelevante. Recuerda que la sabiduría de Dios llega en forma de palabras, sentimientos, sensaciones corporales, imágenes o simple conocimiento. Mira el ejemplo a continuación y luego usa tu intuición para una decisión que tengas que tomar.

Daniel Wakefield escribió un pensamiento maravilloso en su libro *How Do We Know When It's God?*: "Si solo Dios nos hablara, emanarían atronadoras instrucciones de una voz en las alturas, iríamos gustosos a la batalla o escalaríamos montañas o nos atravesaríamos al paso de caballos galopantes o de espumosos mares. Con sólo saberlo. Seguro. El camino."

> "LA PAZ PROVIENE
> DEL INTERIOR.
> NO LA BUSQUES
> AFUERA."
>
> BUDA

SIENTE EL ESPÍRITU

1) Ejemplo de elección A: Tomaré el empleo de la Corporación Sinnombre. Me siento desanimado, deprimido y mi cuerpo parece pesado. Experimento un ligero nudo en el estómago. Me imagino en la compañía y siento escozor en el cuerpo.

✦

2) Ejemplo de elección B: Seguiré buscando trabajo. Me siento un poco más esperanzado. Estoy consciente de mi impaciencia. Quiero una resolución a mi situación laboral. Se me acaban de ocurrir algunas personas a las que puedo llamar. Me siento más ligero con esta opción.

✦

3) Haz una lista de tus elecciones o decisiones aquí y prueba el ejercicio por tu cuenta.

✦

4) ¿Qué dirección te sugiere tu intuición?

✦

Observa que probablemente no escuchaste la voz atronadora de Dios diciéndote: "¡Ésta es la decisión correcta! ¡Toma ese empleo!" Todos tenemos libre albedrío. La guía interior te conducirá a una vía de mayor paz, gozo, esperanza, una vida más positiva si tan sólo aprendes a atenderla y observas su sabiduría.

Cuando aprendes a atender consistentemente a tu sabiduría interior, la información que recibes es tan valiosa y confiable como si Dios estuviera hablando con una atronadora voz desde las alturas. Para dar el primer paso por el camino claro a una vida positiva, debes comenzar por preguntar y escuchar.

Cuando piensas en alguien que tiene "espíritu", probablemente se trata de una persona con enorme energía positiva y creativa; segura, serena y con propósitos claros. Todos tenemos el poder de crear una vida positiva. En el fondo de ti tienes el mapa para crear esa vida. Cuando lo mires y encuentres los brillos de lo que te proporciona energía, pasión y gozo, verás el comienzo de tu camino. Empieza a decir "Sí" a esas corazonadas, aun cuando no sepas a dónde te llevará esa vía. La fe y la confianza son cualidades que todos debemos abrazar si queremos escuchar las instrucciones de Dios.

"AL COMENZAR A VIVIR
EL MOMENTO PRESENTE
EXPERIMENTARÁS UN SUTIL
PERO PROFUNDO CAMBIO.
DEJARÁS DE PREOCUPARTE
POR EL FUTURO.
TE ENVOLVERÁ UNA
PROFUNDA PAZ QUE DICE
'TODO ESTÁ BIEN. NO HAY
NADA QUE TEMER. TODO ESTÁ
DESARROLLÁNDOSE DE
ACUERDO AL PLAN Y
TÚ ESTÁS SIENDO GUIADO
EN CADA PASO A LO LARGO
DEL CAMINO'."

DOUGLAS BLOCH

¿QUÉ DICES CUANDO HABLAS CONTIGO?

Gran cantidad de personas exitosas me confiesan que pasan algún tiempo soñando despiertas en su futuro. Se dicen cosas positivas sobre su vida y su capacidad para alcanzar metas. Visualizan resultados exitosos para sus metas y sueños. Anticipan la abundancia que les llegará a través de las acciones que emprenden. Tienen diferentes metas o valores pero se ven a sí mismas como capaces de alcanzar el éxito en cualquiera de sus tareas.

QUIZÁ PENSAR POSITIVAMENTE TE PAREZCA ALGO MUY BÁSICO, pero para muchas personas no lo es. Hay clientes que cuando les pregunto si entienden la importancia de la seguridad positiva, replican: "¡Sí! ¡Estoy seguro de que las cosas no funcionarán!"

Detente un momento a pensar qué quieres hacer con tu vida...

¿Fuiste capaz de hacerlo? Dejar de concentrarte en lo que no quieres y hacerlo en tus esperanzas, sueños y ambiciones es un cambio poderoso en perspectiva. ¿Qué dices cuando hablas contigo? Esa conversación contigo determina tu dirección y los resultados que alcanzas en tu vida.

LAS OPORTUNIDADES SE TE PRESENTAN SOLAS

Leí un artículo hace poco en el que la autora proclamaba: "Si preocuparse fuera un empleo remunerado, sería una mujer rica." Así solía ser yo y tengo que añadir que no producía mucha prosperidad de ese modo. Me preocupaba constantemente si tenía suficiente dinero o si estaba trabajando de manera adecuada o si le gustaba a la gente. Creía que si me preocupaba mucho las cosas por las que me preocupaba no ocurrirían. Pero, de hecho, concentrarse en lo que no quieres es un componente clave para mantenerte atascado en un círculo de preocupación.

¿Te has sentido alguna vez "enfermo de preocupación"? Yo estaba frecuentemente en un estado de ansiedad debido a lo que me decía a mí misma. Concentrándome en lo que no quería que ocurriera y llena de temor. Al fin, me senté a meditar una noche, luego de un día en particular difícil. Fui a mi santuario interior y pregunté a mi guía: "¿Cómo puedo deshacerme de la ansiedad que siento?" La respuesta que recibí pareció decepcionantemente simple. Mi guía respondió: "Tu lección en este momento es no preocuparte." Recuerdo haber salido de la meditación pensando: "¡Caray! ¡Es fácil decirlo!" Sin embargo estaba tan desesperada que tenía deseos de intentarlo. Decidí darme un plazo inicial de una semana. (Podrías ensayarlo durante una hora cada vez si eres un preocupón crónico.) Tenía de pronto una preocupación, como: "No tengo suficientes clientes en la agenda esta semana. ¿Qué hago si mi negocio comienza a fracasar? ¿Qué si no tengo suficiente dinero este mes?" Podía sentir cómo entraba en una espiral de pánico y me iba preocupando conforme se acumulaban más y más ideas cargadas de ansiedad. Entonces recordaba el mensaje de mi guía interior y me las ingeniaba para reemplazar la preocupación con otra actitud. Mi afirmación diaria era: "Lynn, cálmate. Todo va a salir bien. Van a presentarse nuevas oportunidades. Sólo ten paciencia. Todo florece en su momento. Dios está a cargo de esto. Tu trabajo es no preocuparte esta semana."

Al terminar la semana me sentía más tranquila. Había recibido incluso una invitación a impartir un

"TU MENTE PUEDE TENER UN PENSAMIENTO A LA VEZ. HAZ QUE SEA POSITIVO Y CONSTRUCTIVO."

H. JACKSON BROWN, JR.

seminario y una revista estaba interesada en publicar un artículo que les había propuesto. Se habían abierto nuevas oportunidades y me sentía más esperanzada. Estaba dispuesta incluso a probar este experimento "No te preocupes, sé feliz" durante todo un mes. Tuve que ser muy diligente vigilándome al inicio del ciclo de preocupación. Al final aprendí a modificar mi modo de pensar. Elegí concentrarme en lo que agradecía y ocuparme de lo que quería lograr en lugar de hacerlo en lo que temía que ocurriera. El cambio en mi paz interior era asombroso. Los resultados que terminé por lograr fueron realmente sorprendentes y satisfactorios.

Si plantas un puñado de semillas de calabaza, ¿qué esperas que germine? Una planta de calabaza, ¿no es cierto? Si plantas semillas de calabaza y comienza a crecer un tulipán, te sentirás bastante intranquilo. Piensa en tus pensamientos como en semillas. Lo que plantas en tu mente germina y atrae pensamientos y experiencias parecidos. Si plantas "semillas" de preocupación y miedo o "semillas" de esperanza y gozo en tu mente, tu vida estará teñida del fruto de tus pensamientos.

¿Qué quieres crear?

Cuando pones atención a tus pensamientos, ¿qué te escuchas decir sobre tu vida? Ésas son tus creencias. ¿Crees que tienes derecho a ser exitoso? ¿Confías en ti para tomar buenas decisiones para tu futuro? ¿Crees que otras personas quieren que tengas éxito? ¿Crees que hay un amoroso Dios que te apoyará en tu decisión de cambiar? Tus pensamientos, creencias y emociones tienen un profundo impacto en lo que haces de tu vida.

Soren Kierkegard dijo: "Nuestra vida expresa siempre el resultado de nuestros pensamientos dominantes." Si hablas con gente que es exitosa descubrirás que utilizan al máximo su imaginación para visualizar su futuro. Imaginan incluso cómo se sentirán cuando cierren un gran negocio. En general visualizan unas vacaciones maravillosas, idílicas y la felicidad de saborearlas. Ven el éxito que quieren alcanzar con el ojo de la mente. Disfrutan esas visiones de lo que esperan crear.

Al visualizar, practican lo que llamamos reafirmaciones. La mayoría está familiarizado con lo que es una reafirmación. Se trata de frases positivas que te dices a ti mismo sobre tu vida y sobre el éxito que imaginas alcanzarás. El poder de tu mente imagina el éxito como una clave para crear una vida a tu gusto.

> "NO ES SUFICIENTE TENER UNA MENTE. BRILLANTE. LO PRINCIPAL ES USARLA BIEN."
>
> RENÉ DESCARTES

¿Qué te gustaría hacer con tu vida? ¿Cuáles son los intereses en tu vida que te reportan gozo o te hacen sentir entusiasta? De este modo tu intuición, a través de tus emociones, te proporciona información acerca de la dirección de tu vida. En términos simples: si sientes algo como excitante y agradable, ve hacia ello y pruébalo. Si te sientes molesto o exhausto por algo, encuentra la manera de cambiar la situación o deshacerte de ella por completo.

Al principio me resultaba muy difícil entender el concepto de construir mi vida a través de mis pensamientos y creencias. Quiero decir, ¿no era cierto que siempre estaba quebrada?, ¿no era verdad que nunca conseguía empleo porque no había ido a la universidad? Muchos argumentamos nuestras limitaciones diciendo cosas como: "No puedes confiar en la gente" o "Así son las cosas, nada va a cambiar". Si incluso te resulta difícil la idea de que tus pensamientos creen tus experiencias vitales, pruébalo por un periodo de unas cuantas semanas a unos meses y luego observa lo que ocurre cuando modifiques tus creencias a voluntad.

Alguien observó en cierta ocasión que si haces lo que siempre has hecho, obtendrás lo que siempre has obtenido. (¿¡Te das cuenta!?) En otras palabras, algún

"Los SERES espirituales no permiten que sus pensamientos y SENTIMIENTOS fluyan a partir de SUS acciones: entienden que sus PENSAMIENTOS crean su MUNDO físico."

Wayne Dyer

aspecto de ti necesita cambiar para que puedas obtener un resultado diferente. Si algo no funciona en tu vida consistentemente, reflexiona sobre tus creencias. ¿Qué dices cuando hablas contigo?

Cuando hablamos con nosotros en forma negativa producimos estados anímicos negativos. Puede parecerte que el mal humor surgió de la nada: "Me desperté con el pie izquierdo esta mañana." Prueba esto la próxima vez que te encuentres en una situación similar. Pregúntate: "¿En qué estaba pensando?" Si te sorprendes a tiempo, verás claramente una correlación directa entre tus pensamientos autoderrotistas, negativos y temerosos y tu estado anímico.

PON ATENCIÓN A TUS PENSAMIENTOS

Esto es importante, porque se vuelve mucho más fácil crear la vida que queremos y alimentar nuestra sabiduría interior como guía cuando tenemos ánimo positivo y ligero. Cuando estamos felices, pensamos diferente. El mundo está lleno de potencial, apoyo y oportunidades. Por el contrario, cuando nos encontramos deprimidos, todo parece irremediable y nos sentimos llenos de miedo.

La autora y conferencista Barbara DeAngelis describe la conexión entre nuestros estados de ánimo y nuestra conversación con nosotros: "Si tu día está lleno de pensamientos insignificantes y oscuros, ¿es raro que te sientas de mal humor? Quizá se debe a que dejas que tu mente corra como un perro escarbando en la basura por todos lados."

Creo que Dios quiere que vivamos una vida de pasión, regocijo, entusiasmo y amor, cualquiera que sean nuestras circunstancias. Una de las principales maneras en que podemos comenzar a crear esa vida maravillosa, es a través de nuestras creencias.

Comienza a actuar como si ya tuvieras la vida que quieres. ¿En qué creería y cómo actuaría alguien que fuera próspero? ¿En qué creería y cómo actuaría alguien que se sabe merecedor de amor?

Tú creas tus pensamientos. Tus pensamientos crean tus intenciones. Tus intenciones atraen la guía necesaria para hacer que emprendas acciones. Tus acciones producen los resultados que quieres alcanzar. ¿Qué clase de experiencias de vida quieres atraer? Echa agua, fertiliza y cuida esos pensamientos con mucho amor porque los pensamientos que tienes ahora predicen tu vida futura.

Si estás teniendo problemas para sustituir tu antigua manera de hablar contigo mismo, prueba esto: La próxima vez que un pensamiento chocante y negativo te moleste, sólo di en voz alta o a ti mismo: "¡EL NUEVO!" Te servirá para recordar que has dejado atrás tu antigua manera de pensar y que no quieres seguir haciéndolo. Quizá quieras hacer que algunos de tus amigos más cercanos participen en este proceso. Si te sorprenden diciendo cosas que sugieran tu antigua manera de ser, te gritarán: "¡EL NUEVO!"

La próxima vez que te descubras incapaz de romper un patrón de pensamiento negativo, haz algo para cambiar tu estado de ánimo. Dedícate a una actividad que sea divertida y agradable. Salte de ese antiguo estado anímico tan pronto como puedas. Penney Pierce, autora de *The Intuitive Way*, lo dijo de este modo: "No puedo hacer nada con los pensamientos que llegan a mi cabeza, pero algo puedo hacer con los que se quedan." Una vez que hayas adquirido el hábito de hacer esto, encontrarás que eres capaz de crear la vida que deseas y mereces.

DI "NO" A LA NEGATIVIDAD

Cuando surgen creencias al hablar contigo, trata de decir "Hasta ahora..." Así sería:

Tu antigua manera de hablar contigo: "Nunca seré exitoso."
Tu nueva manera de hablar contigo: "No he sido exitoso hasta ahora. Lo que quiero lograr a partir de ahora es

....

y creo que es posible."

Tu antigua manera de hablar contigo: "Nunca tendré suficiente dinero."
Tu nueva manera de hablar contigo: "No he tenido suficiente dinero hasta ahora.

Lo que ahora creo sobre el dinero es

....

y creo que es posible."

«APRENDÍ QUE

UNA MANERA DE

SACAR A LA

SUPERFICIE MIS

MAYORES ANHELOS

ES OBSERVAR

LO VIVA

QUE ME HACEN

SENTIR.»

MARY MANIN MORRISSEY

LOS ANHELOS DE TU ALMA

Los bebés llegan a esta vida sabiendo lo que se espera de ellos. Están muy conectados con lo que les produce gozo y felicidad. Al crecer, los niños comienzan a plegarse ante influencias externas y permiten que se les diga qué les gusta.

MUCHOS DE MIS CLIENTES HACEN LO MISMO. HACEN A UN LADO SUS ANHELOS. Hacen lo que se espera de ellos, como tomar el primer empleo que se les ofrece al salir de la universidad, algo que define no sólo su profesión sino su vida entera. Parecen temer que nada surgirá si se atreven a perseguir sus sueños.

Algunas de las preguntas más difíciles me las han formulado personas que han hecho a un lado sus verdaderos sueños y aspiraciones. Se sienten deprimidos, enervados y sin dirección. Preguntan cosas como: "¿Por qué tengo que pasar por esto?" "¿Qué estoy haciendo mal?", o "¿Qué puedo hacer para salir de esto?" Sé que esperan de mí una respuesta fácil: "No te preocupes, tu príncipe encantado está a la vuelta de la esquina", o "Acude a este médico alternativo; él te arreglará todo."

Sin embargo, creo que la respuesta a estas "oscuras noches del alma" es mucho más compleja. Adquieres conciencia de quién eres realmente a través de todo un proceso de relacionarte con otros, elegir tu profesión, tomar decisiones, criar a

"¿Estás ABURRIDO de vivir? Entonces LÁNZATE a algún trabajo en el que CREAS con todo el corazón: VIVE por él, MUERE por él y encontrarás la FELICIDAD que creías nunca sería TUYA."

Dale Carnegie

tus hijos y lidiar con tus padres. Así aprendes las lecciones que te toca aprender. A partir de un cuadro de cáncer puedes desarrollar valor. Al lidiar con un padre muy enfermo puedes tener compasión. Si naciste con una discapacidad puedes haber aprendido a ser persistente. Un divorcio difícil puede haberte enseñado a perdonar. Al colaborar con Dios para hacer realidad tus sueños, te aventuras voluntariamente en lo desconocido. Expandes tu percepción de ti mismo al satisfacer tu potencial y, en última instancia, crecer para convertirte en un ser humano mejor, más compasivo y amoroso.

SIGUE TUS ANHELOS INTUITIVOS

Cuando eras niño de seguro tenías mucho más claro qué te hacía feliz. Estabas dispuesto a probar cosas nuevas y a correr riesgos sin pensarlo demasiado. Al madurar, probablemente sentiste restricciones. Quizá te dijeron que ser contadora era mejor que ser actriz. Tus padres pueden haberte dicho que pagarían tus estudios de contabilidad pero no de actuación.

Ya adulto puedes haber adquirido una visión práctica sobre estas demandas. Si escuchaste sugerencias como ésas y las atendiste, probablemente terminaste por perder el contacto con tu verdadero llamado. Quizá has vuelto un hábito el pasar por alto tus mensajes interiores en favor de perspectivas más pragmáticas.

¿Qué querías ser cuando eras niño? En mi vecindario, yo era la mayor de entre los niños. Vivíamos en una calle con un bosque en un extremo y campos en el otro. Pasaba horas con niños más pequeños jugando a lo que llamaba "hadas y ángeles". Mis fantasías eran asombrosas y armaba elaborados cuentos sobre ángeles y hadas que nos ayudaban a salir de nuestros imaginarios predicamentos. Estábamos en el bosque pretendiendo que era territorio enemigo y no podíamos escapar. Susurraba: "¿Qué tienen que decir los ángeles y las hadas?" Por supuesto, siendo la mayor de la cuadra, nunca permití en realidad que ninguno de los otros recibiera los mensajes. Yo escuchaba el mensaje del ángel y así podíamos lanzarnos en una nueva misión. Así pasé mi niñez.

"AH, PERO EL ALCANCE DE UN HOMBRE DEBE LLEGAR MÁS ALLA DE SU MANO, ¿O PARA QUÉ ES EL CIELO?"

ROBERT BROWNING

¿Queda claro cómo fue que terminé convirtiéndome en psíquica y ayudando a la gente a resolver sus predicamentos a través de mi guía interior? ¡Toda mi infancia me preparaba para esto!

Reconocer y atender tus anhelos intuitivos para encontrar tu verdadero llamado no es un proceso fácil. Seguir tu camino interior puede ser un gran reto y exigirte mucho valor. Puedes imaginar que la mía no fue una transición fácil a partir de la niña a la que gustaba jugar a "hadas y ángeles" hasta tener una vida como psíquica y escritora exitosa.

James Allen escribió: "Ten nobles sueños y, mientras sueñas, en eso te convertirás. Tu visión es la promesa de lo que serás un día; tu ideal es la profecía de lo que al final será develado." Asusta un poco atender el anhelo de tu alma y atreverte a soñar grandes sueños. ¿Qué tal si fracasas? ¿Has tenido una fantasía sobre algo que querías lograr? ¿Has dejado tus metas entre paréntesis? Trabajemos para que esos sueños vuelvan a ocupar el primer lugar.

EXPANDE TU ZONA DE SEGURIDAD

Si puedes crear tu sueño por ti mismo, es probable que no sea lo suficientemente ambicioso. Tu sabiduría interior es tu guía y está allí para asistirte. Tus más grandes sueños requieren que aprendas a practicar un nuevo tipo de pensamiento y que expandas tu zona de seguridad. Oscar Hammerstein lo dijo bien: "Un sueño no puede hacerse realidad a menos que sueñes ese sueño."

PARA HACER REALIDAD TUS SUEÑOS

1) El primer paso para lograr algo nuevo es tener claridad acerca de lo que quieres. Haz una lista de algunos de tus más grandes sueños e ilusiones. Éste no es el lugar para que te preocupes si son o no prácticos o cómo demonios podrías alcanzarlos. Piensa en lo que quieres lograr en términos de amor, relaciones con los demás, trabajo, dinero, vida espiritual, pertenencias, casa, familia, logros, salud, educación, hijos, tiempo libre, pasatiempos o viajes. Simplemente escribe lo que te venga a la mente.

✦

2) Para fines de este ejercicio, me gustaría que eligieras los tres primeros sueños de tu lista. Son aquellos con los que te sientes más comprometido en este momento. Escríbelos aquí:

✦

3) Cierra los ojos, respira profundo y relájate. Imagina que un Sabio es tu guía en este ejercicio y que está sentado frente a ti. Pregunta a tu Sabio qué puedes hacer para comenzar a realizar estos sueños e ilusiones en tu vida. Escucha con atención. Puedes obtener información sobre algunos de los pasos que debes dar o sobre una nueva manera de pensar la vida. Como siempre, las respuestas llegarán de diversas formas.

✦

4) Abre los ojos. ¿Qué información recibiste de tu Sabio? Escríbela aquí:

✦

5) Si realmente creyeras que estas metas pueden ser alcanzadas, ¿qué harías? Como siempre, los pequeños pasos son tan importantes como los grandes. Escribe tu plan de acción aquí:

Al comenzar a comprometerte con alcanzar los sueños e ilusiones de tu lista, surgirán en tu mente mensajes interiores que te brindarán inspiración y guía. Poner atención es la clave para obtener esta guía. Siempre está allí. Si navegas por el mapa de tu intuición, pueden ocurrir milagros en tu vida. Comenzarán a surgir instrucciones sobre cómo realizar los anhelos de tu alma.

Cuando comienzas a dar pequeños pasos hacia tu sueño, entras a un nuevo espacio, un nuevo paradigma y comienzas a ver posibilidades y soluciones que parecían no existir antes. Se abre para ti un mundo nuevo. Thoreau dijo: "Si uno avanza confiadamente en la dirección de sus sueños, se encontrará con un éxito inesperado en la vigilia."

En ese proceso que emprendes para crear tu nueva vida es indispensable que crezcas, cambies y te liberes de lo que ya no te sirve. En ocasiones es difícil, por tratarse de un proceso que toca muchos de tus miedos más profundos. Ten valor. Logras lo que quieres a través de una serie de altibajos. Cuando estés de bajada, recuerda que volverás a subir.

CONTRIBUYE CON TUS DONES

Cuando hago lecturas, a menudo recibo información en imágenes simbólicas. Una de las más comunes es la representación de un enorme rompecabezas al que le falta una pieza. Cuando veo esa imagen con el ojo de mi mente, sé que mi cliente no está haciendo lo que debería hacer. Cada uno trajo a este mundo su propios dones, talentos y capacidades. Cada uno tiene una pieza del rompecabezas y estamos aquí para compartir con los demás. Si hacemos caso omiso de nuestra guía interior –que continuamente nos informa sobre nuestra misión y propósito en la vida–, no contribuimos con nuestros dones. Tu unicidad es lo que te hace ser quien eres. El rompecabezas no estará completo sin la pieza que tú tienes para colocar.

"ANTES DE QUE PUEDAS HACER ALGO QUE NUNCA HAS HECHO, TIENES QUE SER CAPAZ DE IMAGINAR QUE ES POSIBLE."

JEAN SHINODA BOLEN

"LOS PROBLEMAS NO SON SINO LECCIONES QUE NO HAS APRENDIDO Y QUE SE PRESENTAN NUEVAMENTE. DONDE ANTES HICISTE UNA ELECCIÓN EQUIVOCADA PUEDES HACER UNA MEJOR Y ASÍ ESCAPAR AL DOLOR QUE TE PROVOCÓ LA PRIMERA."

A COURSE IN MIRACLES

FLUIR CON GRACIA A TRAVÉS DEL CAMBIO

Muchas personas vienen a verme cuando atraviesan por algún cambio en su vida. Este cambio comienza a menudo a un nivel interior con una sensación, aun antes de que haya cambios externos. Sabes que ya no te gusta tu trabajo y que es hora de dejarlo pero: ¿qué, dónde y cómo empezar? Creo que cuando experimentas estos sentimientos aparentemente negativos, no son sino formas en que Dios te comunica, a través de tu sabiduría interior, que es tiempo de un cambio.

CUANDO ES HORA DE UN CAMBIO EN TU VIDA, TU SABIO INTERIOR tiene sus formas de hacértelo saber. La más común es que te sientas inquieto, ansioso o aburrido. Si te sientes constantemente de este modo, considéralo una señal de que es tiempo de deshacerte de algo que ya no te funciona. Para la mayoría de las personas, la incomodidad es suficiente motivación para cambiar. Si estás muy incómodo, eventualmente haces algo para dejar el trabajo que te disgusta o para esforzarte en una relación que has descuidado. Emprendes las acciones necesarias para sentirte mejor.

El problema surge, en la mayoría de los casos, cuando nos permitimos seguir viviendo con esta incomodidad. En lugar de entenderlo como una señal de que es necesario el cambio, decidimos que quizá no es tan mala la vieja ruta. Sin embargo, si ignoramos los síntomas por mucho tiempo nuestra intuición aumenta el volumen del mensaje que está tratando de enviarnos. Ignorar tu incomodidad por mucho tiempo terminará llevándote, a la larga, a una crisis.

Antes de que comenzara a hacer lecturas, creía que todo el mundo sabía exactamente lo que quería y que yo era la única que no lo sabía. Parecía estar rodeada de personas que sabían lo que querían hacer o ser. Alguien tenía claro que quería dedicarse a las ventas. Otro decía que su sueño era tener éxito en la publicidad. Una amiga afirmaba que el deseo de su vida era tener hijos y ser una buena madre. Quizá esta gente destacó porque tenía claros sus deseos y podía articularlos. Yo no era como ellos, pero desde entonces fui encontrando que había muchos que se me parecían.

Mucha gente me mira pasmada cuando le pregunto sobre sus sueños y esperanzas. Para la mayoría no hay conexión entre lo que esperamos y soñamos y lo que hacemos en realidad en nuestra vida. Lo que he descubierto al hacer lecturas para miles de clientes es que *sí hay* una conexión directa entre lo que te ocurre y los pensamientos e imágenes que recreas.

CUANDO TE ENFRENTAS A LA INCERTIDUMBRE

¿Cuáles son algunos de los grandes cambios o transiciones que te afectan?

- Cambiar de trabajo.
- Ser despedido en un recorte de personal.
- Tener mala salud.
- El distanciamiento de un amigo de muchos años.
- Que tu cónyuge te pida el divorcio.
- Que tu hijo deje la escuela.
- Que tu mejor cliente se vaya con la competencia.
- La enfermedad o muerte de un ser querido.

En múltiples ocasiones en nuestra vida nos enfrentamos a la incertidumbre. ¿Qué haces cuando llegas al final de un ciclo? Los cambios que se anuncian no son necesariamente los que elegirías, de modo que, ¿cuál es la forma correcta de proceder?

Tengo un cliente llamado Paul. Cuando vino por primera vez era líder en ventas industriales. Acudió a verme a lo largo de varios años y comenzó a quejarse de su trabajo. "Lynn, odio este trabajo. Ya no siento pasión por él. Me siento cansado y exhausto por las expectativas que tienen todos de mí y que tengo yo de mí mismo. Pero, ¿cómo puedo parar? Estoy en la cima. La gente no abandona algo cuando está teniendo éxito."

Pregunté a Paul si sentía pasión por algo. Sonrió al contarme que tenía la idea de enseñar a los demás lo que sabía sobre ventas y motivación. Hablamos sobre esto largamente. Expliqué que cuando damos pequeños pasos hacia algo, Dios nos muestra a menudo el camino más directo para alcanzar nuestro sueño. Al mencionarle que podía cambiar de trabajo, Paul pareció desinflarse. "No puedo hacerlo", dijo, "gano demasiado con lo que hago ahora. Estaría renunciando a todo si asumiera ese riesgo. ¿Y si fracaso?"

Cada vez que Paul venía a verme se quejaba de su trabajo. La gente comenzaba a sentir envidia de su éxito. Alguien lo llamó para que se hiciera cargo de un incidente relativamente pequeño y se produjo una enorme crisis. Le dije que sentía a cada una de estas situaciones como un mensaje de que probara algo nuevo. Era claro que la pasión por su trabajo ya no lo animaba. Estaba cada vez más cansado, ansioso y lleno de temor por su futuro. Comenzó a pensar de forma negativa sobre su situación, temiendo que surgiera un colega que minara su éxito.

Señalé a Paul que estaba ignorando su propia intuición (y la mía). A lo largo de los siguientes meses se produjeron crisis tras crisis en su trabajo. Cada vez que venía a verme estaba desesperado por hacer algo más. Paul recibía información intuitiva que apoyaba su elección de dejar la industria y sin embargo parecía incapaz de hacer el movimiento. Mi percepción era que se trataba de "avisos

> "SI HAS CONSTRUIDO CASTILLOS EN EL AIRE, TU TRABAJO NO TIENE POR QUÉ DESPERDICIARSE; ALLÍ DEBE ESTAR. AHORA, SÓLO PONLE CIMIENTOS DEBAJO."
>
> HENRY DAVID THOREAU

"SOMOS MIEMBROS DE UNA VASTA ORQUESTA CÓSMICA EN LA QUE CADA INSTRUMENTO VIVO ES ESENCIAL PARA LA INTERPRETACIÓN COMPLEMENTARIA Y ARMONIOSA DEL TODO."

J. ALLEN BOONE

intuitivos" que debía atender. De lo contrario, la situación se le saldría de las manos.

La siguiente llamada que recibí de Paul fue para decirme que le habían pedido que dejara la compañía, e incluso, posiblemente, el ramo industrial. Después de varios meses de angustia y severa depresión, al final se dio cuenta de que se le estaba ofreciendo la oportunidad de crear una nueva vida para sí mismo y de comenzar una profesión en la que había soñado.

Transcurrieron dos años antes de que volviera a tener noticias suyas. Me llamó para decirme lo emocionado que está con el nuevo negocio que echó a andar. Me contó que había ganado 90 mil dólares el mes anterior haciendo lo que le gusta. Cada semana hace trabajo voluntario para hablar con hombres en prisión sobre cómo lidiar con el cambio desde una perspectiva espiritual. Paul se ha vuelto un hombre feliz.

SUEÑA, REFLEXIONA, EXPLORA

Piensa en tomarte tiempo durante los próximos meses para soñar, explorar y reflexionar. Esto puede adoptar la forma de un diario escrito, meditación o tomar una clase sobre un tema que te interese. No tiene que ser necesariamente una ambiciosa y nueva meta. Pero es tiempo de que averigües qué te resulta divertido, agradable y energetizante.

TIEMPO DE CAMBIO

1) Escribe unas cuantas líneas sobre algo que te haga infeliz justo ahora:

....

....

2) Si tuvieras una varita mágica para crear una nueva circunstancia feliz, ¿cómo sería?

....

....

3) Haz una lista de amigos y miembros de la familia y de la comunidad que podrían ayudarte:

....

....

4) Enlista algunos libros que puedes leer o clases que puedes tomar que podrían ayudarte:

....

....

5) ¿Qué otros recursos podrían ayudarte a promover un cambio positivo?

....

....

6) ¿Qué pasos estás dispuesto a dar para acceder a tus recursos y utilizarlos?

....

....

Cuando escuchas los murmullos de tu alma y das unos cuantos pasos hacia adelante, emerge un nuevo sueño. Mary Manin Morrissey dijo: "Al crecer con tu sueño, tus miedos crecerán contigo. El valor es acción de cara al miedo." En ocasiones tenemos que estar sencillamente dispuestos a avanzar en algún territorio desconocido y mirar nuestros temores cara a cara. Así es como nuestra alma nos reta a crecer. Ten valor. ¡Y asegúrate de divertirte!

«CÉNTRANOS NUEVAMENTE Y VOLVEREMOS CON ALEGRÍA. RENUÉVANOS AHORA COMO LO HICISTE EN EL PASADO.»

ORACIÓN HEBREA

CONFÍA EN LA ORACIÓN

¿Viste alguna vez All in the Family, *el programa televisivo estadounidense de los ochenta con Archie y Edith Bunker? Uno de mis parlamentos favoritos fue cuando Edith preguntó a Archie si entendía lo que era la fe. "Sí, Edith", espetó Archie, "tener fe significa creer en algo en lo que nadie en su sano juicio creería". ¿Qué es orar? Mucha gente piensa que es conversar con Dios. Otros creen que orar es sentarse en silencio sintiendo y experimentando una presencia divina tranquilizadora y curativa. Cualquiera que sea tu definición, orar es un vehículo poderoso para promover el cambio, renovar nuestra fe y proporcionarnos orientación y sensatez.*

¿CÓMO PRACTICAS LA ORACIÓN? SI PIDES A DIOS UN RESULTADO ESPECÍFICO y no lo consigues, ¿significa que Dios no te escuchó? ¿Hay una forma que funciona y una que no? ¿Orar consiste sólo en repetir lo que aprendiste en catecismo? Hasta donde sé no existe una *Guía para orar correctamente*; ¿cómo sabes si lo estás haciendo bien?

PUNTOS DE DECISIÓN

Orar es más que esperar que Dios simplemente satisfaga nuestras solicitudes cuando tenemos fe suficiente, somos buenas personas y lo hacemos "correctamente". En mi opinión, no es tan fácil. Quizá quieras "orar para librarte" de una enfermedad que en realidad te está proporcionando la oportunidad de que te tomes tiempo para descubrir una parte olvidada de ti mismo. Tal vez hayas perdido tu empleo y ores para recuperarlo y sin embargo Dios puede estar ayudándote –mediante la pérdida de tu trabajo– a reorientar tu vida en una forma nueva y vigorizante. Podrías desear que Dios desatara su venganza sobre alguien que te ha traicionado, pero el plan de Dios puede ser el de darte mayor capacidad para la compasión y el perdón, a través del trauma de la traición.

Cualquier tribulación personal que enfrentes es un momento de decisión. En cualquier crisis hay oportunidades y cambios. Tu dificultad personal te proporciona las herramientas para llevar una vida más rica y profunda si te lo permites. Tener fe significa que te rindes a la sabiduría divina sabiendo que en el centro de cada tormenta hay un espacio de paz y calma. Tu reto en cada situación es encontrar ese

"SÉ DIOS EN MI MENTE Y EN MI ENTENDIMIENTO. SÉ DIOS EN MIS OJOS Y EN MI MIRADA. SÉ DIOS EN MI BOCA Y EN MIS PALABRAS, SÉ DIOS EN MI CORAZÓN Y EN MI PENSAMIENTO. SÉ DIOS EN MI LLEGADA Y EN MI PARTIDA."

HIMNOS ANTIGUOS Y MODERNOS

lugar. No es gran cosa orar por un resultado específico sino saber que cualquier cosa que ocurra te hará desarrollar tu capacidad para tener paz, cooperación, amor, compasión, perdón y curación. Creo que ésta es la verdadera razón por la que estamos en la Tierra.

Dawna Markova escribe, en su libro *No Enemies Within*: "Cuando adultos a menudo tememos aquello que tiene la mayor capacidad de curarnos. Creo que la verdadera seguridad reside en tu disposición a no huir de ti mismo. Los enemigos que enfrentas te partirán en dos, de modo que lo que necesitas que surja [para tu curación] sea de una sola vía."

Tuve una clienta que me dijo que podía atravesar momentos de gran turbulencia en su vida porque confía en que ésos son los momentos que Dios trabaja más intensamente para ayudarla a cambiar. Ernest Holmes, fundador de la Cienciología, está de acuerdo con ella: "Cuando se presenta el cambio, debemos darle la bienvenida con una sonrisa en los labios y una canción en el corazón."

Creo que cada pensamiento que tienes es una forma de orar. Posees un fuerte intelecto para elegir tus metas y fantasías. Puedes usar tu imaginación para ver el tipo de vida que quieres y comenzar a crearla. Has recibido los dones de la decisión, la intuición y varios talentos particulares. Puedes usar estos dones para promover regocijo y felicidad para ti y para los demás, o puedes ignorarlos en tu detrimento. La elección es tuya.

El propósito de la oración es pedir ayuda y orientación a la sabiduría que llena, rodea e informa nuestra vida y nuestro mundo. Morris Adler dijo; "nuestras plegarias son atendidas no cuando recibimos lo que pedimos sino cuando somos conminados a ser lo que podemos ser". La oración nos permite comprender que Dios no está allí sólo para guiarnos a través de las dificultades, sino también para proporcionarnos la fuerza que nos otorga nuestra curación definitiva.

¿Cómo funciona esto en un nivel práctico? Cuando tengo un problema, hablo con Dios. Esta mañana parte de mi oración fue: "Dios, tengo miedo a escribir este libro. Me siento sobrepasada y he reservado todo el día para escribir. ¿Qué hago si las palabras no surgen? ¿Qué, si no lo hago bien? Por favor, pon tu sabiduría en mi mente, en mi corazón y envíala a mis dedos para que escriba lo que tú quieres que la gente sepa."

"LA PAZ DE DIOS REBASA TODO ENTENDIMIENTO."

EL LIBRO DEL ORADOR COMÚN

> "PARA ORAR O MEDITAR, ME VALGO DE IMÁGENES QUE ME INSPIRAN. APROVECHO PALABRAS COMO EL SALMO 23 O LA ORACIÓN DEL SEÑOR E INVOCO LA VISIÓN DE UNA ALMA MAESTRA O DE UN ÁNGEL. TRABAJO CON LUZ: IMAGINO LUZ EN MI CUERPO Y LA MAGNIFICO."
>
> ALAN COHEN

A esto siguió un periodo de silencio. Después de todo, no soy yo quien da las instrucciones (¡aun cuando en ocasiones me gustaría hacerlo!). Sólo quiero que Dios sepa qué me preocupa y me interesa y luego escuchar con atención su respuesta. Alguien dijo en una ocasión: "Orar es hablar con Dios y meditar es permitir a Dios que te responda." Me imagino poniendo mis preocupaciones en una energía divina de amor y sabiduría. Las respuestas vuelven a mí a través de la misma energía por medio de mi intuición.

ENCONTRAR PAZ EN LA ORACIÓN

Lo que recibí esta mañana como respuesta a mi oración fue una sensación de paz. Me senté frente a mi computadora y pensé: "Sí. Puedo hacerlo." El miedo disminuyó, surgieron las palabras y me sentí satisfecha con lo que escribí. A menudo es así de simple. Un cambio de actitud que favorezca la paz o la disposición a rendirse es lo único que se necesita. Muchas veces los asuntos por los que oro son mucho más profundos pero requieren de la misma apertura a recibir orientación en cualquier forma que se presente.

A menudo me resulta difícil meditar. Mi intención cada vez que me siento a meditar es serenar mi mente por unos instantes y sentir la presencia de Dios. Trato de concentrarme en mi respiración, pero mis pensamientos se agolpan y siento como si tratara de reunir a un hatajo de gatos. (¡Nunca lo intentes!) Cuando descubro que mi mente vaga hacia mi lista de pendientes o de víveres que necesito, hago que mis pensamientos vuelvan a Dios con suavidad.

Si creciste creyendo en Dios como un viejecito barbudo que te juzga desde su trono en los cielos, la idea de orar y pedir sensatez y paz puede resultarte un poco ajena. Trata de concebir una nueva imagen de Dios que te haga sentir comprendido y amado. Algunas personas experimentan a Dios como energía, sentimiento, mujer, espíritu, o incluso como una imagen de una persona que conocieron y amaron. Habla con ese Dios sabio y amoroso y compártele tus preocupaciones. No estás solo ni abandonado.

Una de mis citas favoritas sobre este concepto es del autor y conferencista John Harrichan: "Siempre que siento que el mundo se me cierra, voy a un lugar tranquilo que reside en algún rincón de mi alma. No razono, ni analizo, ni pienso. Eso vendrá después. Sencillamente voy. Y como un niño asustado encuentra consuelo y fortaleza en un padre amoroso, yo encuentro a mi Dios allí. De este lugar de poder obtengo fortaleza para mantenerme firme frente al fuego, para estar tranquilo en medio de la tormenta. Cuando emerjo de mi santuario el mundo no ha cambiado, pero yo sí. Y en mi cambio un nuevo mundo ha surgido."

EN PRESENCIA DE DIOS

Cierra los ojos e imagina que eres conductor de luz y de amor.

✦

Siente la sabiduría de Dios como una luz o un río de energía que te recorre por entero.

✦

Visualízate como un canal para que fluya esta corriente, toda sabiduría.

✦

Sólo siéntate y experimenta ese sereno remanso de paz, amor y profundo silencio.

✦

Descansa, permanece en un lugar de "no pensar" y sencillamente siéntate con Dios.

"ME LIBERO DE PRISAS,
ANSIEDAD, PRESIÓN Y
PREOCUPACIÓN. ELIJO
LA PAZ, EL REGOCIJO,
EL RELAJAMIENTO Y
LA RENOVACIÓN.
SOY GUIADO PARA USAR
MEJOR MI TIEMPO.
REALIZO TODO LO QUE
TENGO QUE HACER
AQUÍ Y TENGO TIEMPO
PARA DISFRUTAR
LA VIDA JUSTO AQUÍ
Y JUSTO AHORA."

REVERENDO DONALD WELSH

ELEGIR LA ALEGRÍA

Quienes disfrutan de la mayor felicidad no son las personas extraordinarias. No son necesariamente los más ricos o los más conocidos. Quienes brillan de alegría son, a menudo, gente ordinaria que no ha perdido su capacidad para maravillarse. Encuentran un don en cada momento de la vida. Disfrutan de los pocos momentos de cordialidad con sus vecinos; se maravillan con el rocío que brilla en el pétalo de una flor; se regocijan con las risas de un niño. Hacen un don de cada momento de su vida.

CREO QUE UNO DE LOS MAYORES PREJUICIOS es que algo tiene que cambiar para que seamos felices. No me malinterpretes. Es más fácil ser feliz cuando tengo suficiente dinero, buena salud, buenos amigos y un trabajo interesante. Uno de mis primeros clientes, lo llamaré Dan, estaba entrando a los treintas cuando vino a verme. Recuerdo que se sentó frente a mí y, de manera muy ejecutiva, sacó una lista de preguntas que quería formularme. Su primera pregunta fue: "¿Cuándo seré feliz?" Pensé que estaba bromeando. Me pregunté si Dan creía que era algo predestinado, que en una cierta fecha, digamos el 11 de septiembre, le llegaría la felicidad. Quizás imaginaba que se obtenía como un diploma. Cuando me di cuenta que hablaba en serio, no supe qué responder; le pedí que me explicara lo que trataba de decir.

Dijo: "Creí que cuando saliera de la prepa y me alejara de la familia, sería feliz. Luego pensé que sería feliz cuando me graduara de la universidad. Cuando conseguí mi primer trabajo y me establecí profesionalmente, estaba seguro que lo había logrado y que al fin sería feliz. Seguí esperando ser feliz después de casarme, de haber sido promovido y de lograr un buen aumento, de haber tenido a mi primer hijo. Sigo sin ser feliz." Me miró expectante. Lo miré y me arriesgué a sonar como una tarjeta de felicitación al decirle: "¿Se te ocurrió que serás feliz en la medida en que te propongas serlo?"

¿Qué viene a tu mente cuando piensas en alguien que es feliz? Con frecuencia se trata de personas

> "NO PUEDO CREER QUE EL INESCRUTABLE UNIVERSO GIRE SOBRE UN EJE DE SUFRIMIENTO; DE SEGURO LA EXTRAÑA BELLEZA DEL MUNDO DEBE RESIDIR EN ALGÚN SITIO DE PURA ALEGRÍA."
>
> LOUISE BOGAN

ordinarias. Mi suegra me viene a la mente cuando pienso en alguien feliz. Ella es un ejemplo viviente de lo que significa elegir la felicidad. De hecho, su apócope es "Rosie" [estar 'rosie' es estar encantado] debido a su extraordinaria buena disposición. Éstas son dos de sus características:

1) Tiene más de 80 y una salud delicada. Padece una degeneración macular que le hace perder la vista rápidamente; se rompió una pierna hace un par de años y ha tenido dificultades para caminar; hace poco tuvo que dejar de manejar su adorado Chevy debido a su mala visión. Cuando tenía 40 su marido, Bud, murió en un accidente automovilístico; se convirtió en viuda con cinco hijos que criar. Perdió la casa familiar hace unos 30 años y ahora vive en un pequeño apartamento de dos habitaciones y tiene que depender de los demás para transportarse. Vive con un pequeño ingreso que proviene de la seguridad social. Todo sugiere que sería un buen candidato para la depresión.

2) He aquí una reciente conversación que sostuve con ella: "¡Estoy tan contenta de estar viva! ¿No es un día estupendo? Me encanta sentarme fuera en el porche y escuchar cantar a los pájaros. Sólo me siento allí y pienso en todas las cosas por las que estoy agradecida. Pienso en ello todos los días cuando me levanto y antes de acostarme. Oro diariamente por esas personas que no tienen tanto como yo: tengo a todos mis hijos y nietos cerca... ¡me siento llena de gratitud! He vivido bastante, pero voy a seguir apreciando cada momento que me queda."

Mi suegra es una persona que evidentemente elige la felicidad y la felicidad la elige a ella. Se concentra en todo aquello por lo que está agradecida y atrae más riqueza a su vida.

¿Quién viene a tu mente cuando piensas en alguien feliz? Tal vez no son los más ricos o famosos de entre quienes conoces. Quienes brillan con vitalidad son gente común y corriente, como tú y yo. Como mi suegra, no han perdido su capacidad para maravillarse. Valoran la llamada de un amigo. Se deleitan al escuchar reír a un niño. Todos los días se detienen a respirar profundo para sencillamente apreciar el momento. Escuchan la brisa soplar a través de los árboles, observan el vuelo de un pájaro, escuchan el ronroneo de un gato. Descubren un don en cada simple momento de la vida.

Me he encontrado una y otra vez, al trabajar con clientes, que atraes a tu vida aquello en lo que te concentras. Puedes ver los resultados de tus pensamientos dominantes a través de aquello que está bien en tu vida en este preciso instante. Entiende por favor que esto no ocurre de la noche a la mañana. No se trata de que imagines "Me gustaría tener un millón de pesos" y los encuentres en la puerta de tu casa al día siguiente. Tampoco de que digas "Vaya, no me siento bien" y te levantes al día siguiente con cáncer terminal.

¿Mides el éxito en tu vida a través de cuánto has logrado, de la cantidad de dinero que has acumulado, de las posesiones que tienes? Quizá hayas oído el aforismo "El más rico del cementerio". Se supone que la vida sea disfrutable y recompensante, sin embargo muchos actuamos como si al hacer todo lo que la sociedad nos dice que hagamos, fuéramos a ser recompensados en algún momento futuro de la vida.

ELEGIR LA ALEGRÍA

William Feather escribió: "Ningún hombre es un fracaso si está disfrutando de la vida." Tu guía interior te orienta inequívocamente hacia una vida con propósito y satisfacciones. Tu tarea es dar el primer paso. Con el tiempo, ocurre que aprendes a saborear los pequeños y en apariencia inconsecuentes momentos de la vida.

Comienza a tomar decisiones a partir de lo que te hace sentir feliz, tranquilo y positivo y así honrarás a tu guía interior. La conductora de televisión Oprah Winfrey sugiere a su público que lleve un "diario de agradecimiento". Ella escribe en el suyo, cada noche, una lista con las cinco cosas que agradece de ese día. Cree que esta actividad la ayuda a conectarse con la verdad espiritual y le atrae más experiencias a través de las cuales se siente bendecida.

¿Por qué no pruebas a llevar un "Diario de la alegría"? Funciona a partir del mismo principio y es un extraordinario modo de ayudarte a poner atención a tu guía interior. Lo que te encanta hacer, lo que te alegra y apasiona: estos sentimientos son un signo de tu Yo Superior acerca de lo que se espera que hagas. El poeta Rumi escribió: "Permítete ser silenciosamente arrastrado por el extraño impulso de lo que realmente amas. No te llevará al desastre."

Es posible crear una vida que te guste, llena de entusiasmo, amor y abundancia. Tus circunstancias presentes pueden parecerte muy lejanas a ese estado y, sin embargo, te aseguro que si te comprometes a tomar decisiones desde una perspectiva alegre, comenzarás a vivir una vida llena de bendiciones. El autor Richard Bach escribe: "En el camino de tu felicidad encontrarás el aprendizaje por el que elegiste esta vida." Descubrir lo que te gusta hacer es oír el llamado de Dios que te indica la dirección que debes seguir. Ten valor, avanza poco a poco, sigue avanzando y, antes de que te des cuenta, estarás viviendo en el "flujo de la alegría".

> "LLAMAMOS 'FELICIDAD' A UN CONJUNTO DE CIRCUNSTANCIAS QUE POSIBILITAN EL REGOCIJO; LLAMAMOS REGOCIJO AL ESTADO MENTAL Y MEMORIAL QUE NADA REQUIERE PARA SENTIRSE FELIZ."
>
> ANDRÉ GIDE

¿QUÉ TE PROCURA REGOCIJO?

1) Piensa en el año pasado. ¿Qué te procuró más regocijo?

....

....

....

....

....

....

✦

2) Enlista 10 actividades que te proporcionen la mayor alegría.

....

....

....

....

....

....

....

....

....

....

✦

3) En la misma lista, escribe una fecha al lado de cada actividad para señalar la última vez que la hiciste.

✦

4) ¿Qué pasos estás dispuesto a dar a fin de que practiques estas actividades en forma regular de aquí en adelante?

....

....

....

....

....

....

"NO DESARROLLARÁS REPENTINAMENTE CONCIENCIA DE LA RIQUEZA CUANDO TE VUELVAS 'RICO'. ES JUSTO AL REVÉS. DESARROLLAS CONCIENCIA DE LA RIQUEZA CUANDO ELIMINES LA PREOCUPACIÓN, CONFÍES EN EL UNIVERSO Y EN TUS PROPIOS RECURSOS INTERNOS. UNA VEZ HECHO ESTO, LA VERDADERA ABUNDANCIA ESTARÁ A LA VUELTA DE LA ESQUINA."

RICHARD CARLSON

LA NÓMINA DE DIOS

De todos los asuntos sobre los que me consulta la gente, el dinero –y su carencia– es a menudo el más sobrecargado. He aquí mi definición de prosperidad: tener los recursos necesarios para hacer la vida que quieres y para sentir confianza en que durará. Cuando crees que hay abundancia en el mundo, comienzas a experimentar una sensación de seguridad. Eres capaz de avanzar hacia la realización de tus sueños confiando en tu guía interior y sabiendo que el dinero o las circunstancias de vida que necesitas allí estarán. Observa que mi definición no supone "Tener un millón de dólares" (o cualquier otra cantidad): porque hasta que puedas vivir tu vida SABIENDO que la abundancia es tu derecho inalienable y teniendo CONFIANZA en que la habrá, te sentirás pobre.

LA PROSPERIDAD NO TIENE QUE VER CON LA *CANTIDAD* DE DINERO QUE TIENES. Una y otra vez he observado que la falta de preocupación precede a la abundancia de éxito. ¡No al revés!

Algunas de las personas más pobres que he conocido eran las más ricas en el sentido popular del término. Tuve una clienta llamada Debbie que recibió una fuerte herencia. Podía vivir con lujo y comodidad el resto de su vida sin tener que trabajar. Quizá piensas que Debbie se sentía rica. Pues no era así. De hecho, constantemente se preocupaba por cuestiones de dinero. "¿Invertí adecuadamente?" "¿Perderé dinero?" "¿Cómo va a comportarse el mercado de valores?" "¿Qué piensa de mí la gente que sabe que tengo dinero?" De acuerdo con mi definición de prosperidad, Debbie es pobre.

DESARROLLO DE UNA CONCIENCIA DE ABUNDANCIA

Puedo apostar que muchos de mis lectores ganan ahora al menos el doble que hace una década. Si es así, hazte una simple pregunta: "¿Estoy preocupándome la mitad por dinero?" Si la respuesta es "No", entonces hacer más dinero no te libera de preocupaciones y ansiedades, ¿verdad? Ésta es la regla honesta: a menos que aprendas a estar feliz con lo que tienes, no estarás feliz con más.

La prosperidad es mucho más que una cantidad precisa de dólares. Cuando crees y sabes que hay abundancia en el mundo, comienzas a experimentar una sensación de seguridad. Serás capaz de avanzar

"NO HAY SEPARACIÓN
ENTRE NOSOTROS Y DIOS:
SOMOS EXPRESIONES DIVINAS
DEL PRINCIPIO CREATIVO...
NO PUEDE HABER VERDADERA
AUSENCIA O ESCASEZ;
NADA HAY QUE TENGAMOS QUE
TRATAR DE LOGRAR O ATRAER;
CONTENEMOS EL POTENCIAL
PARA TODO
EN NUESTRO INTERIOR."

SHAKTI GAWAIN

> "SI QUIERES SENTIRTE RICO, SENCILLAMENTE CUENTA TODO LO QUE TIENES QUE EL DINERO NO PUEDE COMPRAR."
>
> ANÓNIMO

en la realización de tu sueño confiando en tu guía interior y sabiendo que el dinero o las circunstancias de vida que necesites allí estarán.

El verano pasado recibí una llamada de un agente literario que me propuso escribir el libro que se convertiría en *The Complete Idiot's Guide to Being Psychic*. Estaba un poco preocupada por el dinero. Escribir ese libro en tan poco tiempo significaba que tenía que ver a menos clientes. Hacer lecturas intuitivas era mi principal fuente de ingresos.

Medité respecto a asumir la tarea y recibí un claro "¡Adelante!" por parte de mi sistema de orientación interno. Dije al agente que lo haría y confié en que ocurriera algo que me proveyera dinero por otros medios. La misma tarde en que dije "sí" al libro, mi marido llamó para decir que había recibido un enorme contrato que nos proporcionaba suficiente dinero para compensar en mucho mis reducidos ingresos.

Debo añadir que Dios no actúa tan rápidamente todo el tiempo. Pero lo que aprendí al revisar mi vida es que siempre funciona algo. Creo que todos estamos en la nómina de Dios. Cuando hacemos nuestro trabajo, que consiste en seguir nuestra guía interior, estamos desempeñando el perfil laboral que definimos junto con Dios. Recibimos nuestra paga cuando hacemos lo que nos gusta.

Pensar en abundancia

El truco consiste en no aferrarse a la manera como llega el ingreso. Puede ser a través de un trabajo de medio tiempo que te ayude a pagar tus cuentas mientras echas a andar tu nueva compañía, o de hacerte despedir de tu antiguo empleo para que recibas el seguro de desempleo y contar con suficiente tiempo y dinero para hacer un cambio de profesión con un mejor salario. En cierta ocasión, cuando estaba lamentándome por no tener dinero para comprar ropa nueva, una amiga me llamó para decirme que se mudaba a Florida y que no necesitaría su guardarropa de invierno. ¡Heredé un armario lleno de ropa de diseñador de mi talla! Dios trabaja en formas misteriosas y en ocasiones con elegancia.

El hecho es que estás generando tu propia abundancia a cada momento. Lo que parece confuso es que tienes o abundancia de escasez o abundancia de prosperidad. Si aceptas la idea de que creas tu vida por medio de tus pensamientos y creencias, entonces tiene sentido que insistas en un mismo camino hasta que logres cambiarlo. Tienes que modificar tu pensamiento a fin de que tu vida cambie. ¿Te has dado cuenta que tiendes a generar, una y otra vez, las mismas experiencias indeseables? Puede que se trate de diferentes participantes y de circunstancias ligeramente distintas pero el resultado es casi siempre el mismo. Recuerda, pues, que puedes cambiar lo que piensas y, así, modificar tus experiencias.

Tu guía a la prosperidad

¿Cómo sería tu vida si tuvieras todo lo que quisieras? En ocasiones, cuando te encuentras en medio de una lucha con algo que no quieres en la vida, olvidas hacerte esta pregunta. Mucha gente piensa en su vida de manera fatalista: "Nací pobre, seguiré siendo pobre." Otros asumen un enfoque ligeramente más *new age* para explicar su actual falta de abundancia: "Desperdicié dinero y poder en una vida pasada por eso soy pobre en ésta." Otras personas creen: "Mi vida espiritual es muy importante; no puedo ser espiritual y tener dinero."

¿Qué pensarías si te dijera que tienes una "Guía a la prosperidad" en tu interior, cuyo único propósito es ayudarte a llevar una vida feliz, próspera y abundante? ¿Creerías que mereces tal guía? ¿Escucharías la información y orientación continuamente, o me dirías todas las razones por las que esta guía no puede existir o por las que no funciona en tu caso?

Pues, en efecto, cuentas con una "Guía para la prosperidad interior". Es tu intuición. Cuando comiences a poner atención a lo que te dice tu intuición, consistentemente te guiará a la única verdad que conoce: "La abundancia es tu derecho inalienable." Quizá te guíe hacia un nuevo trabajo, los contratos correctos para tu negocio, una gran idea para un invento o un libro que al leer te abra una puerta a mayor abundancia.

Creo que nuestro mundo es abundante por naturaleza. La Biblia afirma: "Pide y se te concederá. Busca y hallarás." Cuando trabajas con amor, no experimentas separación alguna entre tu trabajo y tu vida. Lo que te gusta hacer, y eres guiado a hacer, es el trabajo de tu vida. Estoy consciente de que esto suena, y quizá lo es, demasiado simplista. Me ha llevado años observar este principio hasta absorberlo lenta pero firmemente y verlo funcionar de forma constante en mi vida. Descubrí que debía tener cuidado al eliminar antiguas creencias que no apoyaban este resultado.

Realizar cualquier cambio en tu vida resulta incómodo a menudo, al menos al principio. Quizá descubras que salen a la superficie pensamientos y sentimientos negativos. Cuando empecé a trabajar de acuerdo con principios de prosperidad, comencé a sentirme indigna. No pensaba que merecía tener dinero. Noté que todas las formas de gastar dinero en algo que no fuera una necesidad básica estaban en el límite del pecado.

TU PASIÓN = TU PROSPERIDAD

Si existe un "imán de prosperidad", yo era su antítesis. Trabajaba para una organización no lucrativa de educación de adultos y ganaba poco más del mínimo. Creía firmemente que no valía más dinero que el que satisfacía mis necesidades básicas. Esta creencia se manifestaba en forma clara en mi vida. Solía bromear diciendo que mi auto siempre sabía cuando había ahorrado 100 dólares: se descomponía en el momento en que tenía dinero extra en mi bolsillo.

Si encuentras que estás siendo pesimista o negativo respecto al dinero, pregúntate: "¿De qué otro modo puedo pensar esto?" o "¿Qué quiero hacer con mi vida?" Es importante poner atención a tus pensamientos. Escucha lo que te dices a ti mismo sobre tu situación actual. Pon especial atención a tus ideas sobre dinero.

Entiende que la vida tiene altibajos; no siempre va en línea recta, incluso cuando estás haciendo todo "bien". Estas nuevas ideas y resultados que quieres obtener no transforman las cosas de la noche a la mañana. Sería maravilloso poder decir: "¡Lo conseguí! Cambié: ahora creo que puedo ser espiritual y ganar dinero", y hacer que el dinero fluya a tu vida en abundancia al día siguiente. Se necesita paciencia. Del mismo modo como la naturaleza tiene estaciones, ciclos, mareas y flujos, así tu vida. Aprende a reconocerlos y a optimizarlos.

Pon atención en lo que te produce pasión. ¿Qué te divierte? ¿Qué te entusiasma? Éstas son algunas de las maneras en que tu intuición te informa sobre el propósito de tu vida y te dirige hacia la abundancia. Al principio no te abrumes tratando de averiguar cómo hacer de ello un medio de vida. Descubrí que cuando vas dando pasitos en la dirección de tu pasión, Dios te abre puertas que nunca imaginaste que existían.

"NO ES CUÁNTO TENEMOS, SINO CUÁNTO LO DISFRUTAMOS, LO QUE HACE LA FELICIDAD."

CHARLES HADDON SPURGEON

¿Qué piensas del dinero?

1) ¿Tienes problemas con tus finanzas? De ser así, descríbelos aquí:

✦

2) ¿Cuáles son tus creencias acerca del dinero? ¿Crees que nunca hay suficiente? Quizá piensas que otras personas pueden ser ricas pero tú nunca lo serás. Cualesquiera sean tus ideas, describe unas cuantas aquí:

✦

3) Siéntate tranquilamente y visualiza con qué te gustaría sustituirlas. Imagínate pagando tus deudas con facilidad y teniendo dinero de sobra para invertirlo de manera sensata. Mírate divirtiéndote y contribuyendo a causas dignas. Llena tu visualización con tanta emoción positiva como puedas. Visualízate disfrutando el tener dinero.

✦

4) Formula la siguiente pregunta a tu guía interior: "¿Qué podría hacer para experimentar esta abundancia en mi vida?" Escucha la respuesta con serenidad.

✦

5) Escribe acerca de los sentimientos, impresiones, conocimiento y palabras que recibiste.

"NO TIENE SENTIDO
PROBAR", DIJO ALICIA,
"NO PUEDE CREERSE EN
COSAS IMPOSIBLES."
"APUESTO A QUE NO
TIENES MUCHA PRÁCTICA",
DIJO LA REINA.
"CUANDO TENÍA TU EDAD,
LO HACÍA DURANTE
MEDIA HORA AL DÍA.
POR ELLO EN OCASIONES
CREÍA EN HASTA SEIS COSAS
IMPOSIBLES ANTES
DEL DESAYUNO."

LEWIS CARROLL

¿QUÉ HARÍAS SI SUPIERAS QUE NO FRACASARÁS?

¿Qué pasaría si estuvieras seguro de que todo aquello que hoy te preocupa terminará por resolverse bien, de que tienes la sabiduría interior para manejar cualquier cosa que se te presente en la vida y de que, incluso, si alguna dificultad se te presenta seguirás estando bien?

¿QUÉ PASARÍA SI CONTARAS CON UNA FUENTE CONSTANTE DE ABUNDANCIA QUE FLUYERA HACIA TI? ¿Qué, si realmente hubiera un plan divino para tu vida? Si no tuvieras que preocuparte, ¿qué harías? Tengo una amiga que es consejera profesional. Una de las preguntas que hace a sus clientes es "¿Qué haría si supiera que no iba a fracasar?" Muchos nos quedamos atorados sin haber dado un solo paso porque tenemos miedo de que no ocurra lo que más deseamos.

En mis sesiones con clientes a menudo me sorprende la cantidad de personas que tiran la toalla y renuncian a su sueño antes de que ocurra.

¿Qué pasaría si estuvieras seguro de que todo aquello que hoy te preocupa terminará por resolverse bien? ¿Qué, si supieras que tienes la sabiduría interior para manejar cualquier cosa que se te presente en la vida? ¿Qué, si supieras que incluso de presentarse alguna dificultad seguirás bien? ¿Qué, si supieras que cuentas con una fuente

"TERMINA CADA DÍA
Y DÉJALO ATRÁS.
HICISTE LO QUE PUDISTE. SIN DUDA SE
COLARON ALGUNOS ERRORES
Y DISPARATES;
OLVÍDALOS
EN CUANTO PUEDAS.
MAÑANA ES UN NUEVO DÍA;
COMIÉNZALO BIEN Y CON
SERENIDAD, CON EL ESPÍRITU TAN
ELEVADO QUE NO LE ESTORBEN
TUS ANTIGUAS TONTERÍAS."

RALPH WALDO EMERSON

constante de abundancia que fluye hacia ti? ¿Qué, si no tuvieras que preocuparte? ¿Qué harías?

En los 25 años en que he hecho lecturas psíquicas, uno de los comentarios más tristes que he escuchado es: "Me encantaría [espacio por llenar] pero sé que no funcionará." ¿Qué pasaría si supieras que tienes garantizado el éxito? ¿Qué, si pudiera mirar mi bola de cristal y decirte que si comienzas a dar pequeños pasos hacia lo que te gusta y sigues avanzando, serás feliz, creativo y exitoso? Pues bien, te lo estoy diciendo. Una y otra vez he visto que esos pasitos que todos tenemos que dar son la llave a nuestro eventual éxito. Es como si dijeras a Dios: "De acuerdo. Confío en la guía que me das y estoy dispuesto a confiar lo suficiente como para emprender acciones."

Cuando las cosas no funcionan

Recuerdo un cartel cuando era joven que decía algo así como "Tensión es hacer lo mismo una y otra vez esperando un resultado distinto". ¿Te descubres tratando de tomar una decisión y repasando más tarde mentalmente todos los horribles desenlaces posibles? Tu guía interior te ayuda a tener claro el resultado que quieres. Mucha gente se atora al pensar en todo lo que no quiere. Cuando tienes claras tus metas, tu intuición puede informarte sobre el camino más claro y directo para alcanzarlas.

A menudo Dios pone situaciones en nuestro camino que no son quizá lo que queremos, pero puede que sea lo que necesitamos. Por ejemplo, cuando estaba en mis veintes había trabajado casi exclusivamente para organizaciones no lucrativas, lo que significaba que trabajaba gratis: tenía problemas para conseguir lo básico. Decidí que quería hacer más dinero pero seguir trabajando para una organización que proporcionara un servicio en el que yo creyera. Oré mucho preguntándome qué podía hacer. Unos cuantos meses después recibí un ofrecimiento de empleo como administradora de operaciones trabajando para una fundación de inversión social. Aproveché la oportunidad juzgándola la respuesta a mis oraciones, aun cuando significaba mudarme de Boston y alejarme de mis amigos para residir en Nueva York.

> "No hay atajos a ningún sitio que valga la pena."
>
> Beverly Sills

Para abreviar, diré que una vez que me mudé se cayó la oferta de empleo. La fundación nunca logró despegar como sus directivos se lo propusieron. Ciertamente no necesitaban de una administradora, de modo que quedé desempleada. Me sentía devastada. Había mudado todo lo que tenía a Nueva York, tenía muy poco dinero, estaba sin empleo ni prospectos de tenerlo y contaba con muy pocos contactos en la zona para hacerme de una ocupación remunerada. Lo peor fue que me sentí abandonada por Dios. No se me ocurría por qué me había sentido tan guiada a tomar este empleo sólo para perderlo en cuanto lo inicié. Todo respecto a esta decisión parecía estar bien y me había sentido en verdad guiada a tomarlo. Esto golpeó una de las ideas fundamentales que tenía sobre cómo funcionaba la vida: "Si sigo a mi guía interior, todo funcionará."

Ayuda de lugares inesperados

Me sentí bastante desorientada y deprimida. Hice algunos intentos por encontrar empleo durante las siguientes semanas. Comenzaba a sentirme muy asustada y abandonada por Dios. Una noche me acordé de tratar de orar para saber cuál era el siguiente paso y terminé gritando a Dios por haberme llevado en esa dirección evidentemente equivocada.

Poco después conocí a una mujer llamada Megan. Era amiga de una amiga y una noche le había hecho una lectura psíquica después de cenar en casa de una amiga. A pesar de que no lo demostró en ese momento, se sintió profundamente afectada por lo que le dije en nuestra breve sesión. Comenzó a enviarme a sus amigos para que les hiciera lecturas.

Antes de que me diera cuenta, sus amigos estaban enviándome a sus amigos y de ese modo conté con un negocio de lectura psíquica de medio tiempo que me permitió mantenerme.

EL PLAN DE DIOS

Cuando pienso en todo eso luego de 15 años, puedo ver claramente que Dios tenía un plan para mí. Durante esa época en que perdí el empleo, aprendí mucho aun cuando no lo comprendí en ese momento. No me di cuenta de qué quería pero conseguí lo que necesitaba. Aprendí a tener paciencia. Aprendí que podía hacer de las lecturas un medio de vida, algo que, estoy segura, nunca hubiera intentado si no me hubiera visto "obligada" a hacerlo. Lo más importante es que aprendí que tenía valor y aprendí a asumir riesgos.

¿Cuál es tu sueño? ¿Qué harías si supieras que no fracasarás? El propósito del ejercicio de este capítulo es ayudarte a responder estas preguntas. La mayoría de las personas no sueñan en grande. Éste no es el lugar para averiguar cómo vas a lograr lo que quieres. Es el lugar para imaginarlo. Disponte a divertirte con ello. Prueba diferentes escenarios. Si lo que elegiste en primer lugar no se siente bien, ¡cámbialo! Este ejercicio se hace mejor en hojas grandes de papel con marcadores, pintura, lápices de colores, crayones. Si dibujar o pintar no se te da, saca revistas viejas y recorta imágenes que de algún modo te representen. Para cada una de las siguientes áreas escribe, dibuja o pega imágenes y palabras sobre tus sueños y pasiones. Quieres imaginar con detalle cómo sería si pudieras generar la vida exitosa y abundante que mereces. No te quedes corto por pensar que no es posible. ¡Anímate!

A fin de hacer realidad tu sueño, comienza a pensar en hacer algo sencillo. Podría ser algo que te haga sentir bien. Esas pequeñas cosas son parte de tu asombroso sistema de orientación interior. Paso a paso, emprende acciones relacionadas con lo que sientas energetizado, divertido y relajante. ¡Felicidades! Estás en vías de usar el don de tu intuición para crear la vida que quieres.

"LA IDEA DE SOMETERSE A LA PROFUNDA **INTUICIÓN** PARECE SER LO QUE GENTE **EXITOSA**, EN MUCHOS CAMPOS, HA **TERMINADO** POR ADOPTAR."

WILLIS HARMAN

VISUALIZA TU VIDA IDEAL

La visión general que tengo de mi vida es:

....

Algunos detalles de lo que me gustaría crear son:
Casa:

....

Viajes:

....

Relación(es):

....

Empleo/Profesión:

....

Propiedades:

....

Servicio a otros:

....

Otras áreas de tu elección:

....

....

¿Cómo te sientes ahora que comenzaste este proceso? Revisa lo que has generado. ¿Cuáles son las dos o tres cosas que más te entusiasman? Escríbelas aquí:

....

....

Mucha gente encuentra útil visualizar su intuición imaginándola como un sabio o ser superior. Cierra los ojos e imagina que está frente a ti. Un ser amoroso y sabio está sentado frente a ti. Siéntete lleno y rodeado por amor y compasión. (Pausa). Pregunta a tu guía: "¿Qué tengo que hacer a fin de comenzar a lograr que mi sueño se vuelva realidad?" Recibe la respuesta en cualquier forma que adopte. (Pausa).
Abre los ojos. ¿Cuál será el paso que darás la próxima semana para acercarte a tu meta?

....

....

....

"EXISTE VITALIDAD,
FUERZA VITAL, ENERGÍA,
UN APRESURAMIENTO
QUE SE TRADUCE A TRAVÉS
DE TI EN ACCIÓN Y,
COMO SÓLO HAY UNO
COMO TÚ EN TODAS
LAS ERAS, ESTA EXPRESIÓN
ES ÚNICA. SI LA BLOQUEAS,
NUNCA EXISTIRÁ
A TRAVÉS DE OTRO MEDIO
Y SE PERDERÁ
POR SIEMPRE."

MARTHA GRAHAM

CUANDO HAY QUE EMPRENDER UNA ACCIÓN

Uno de los principios para crear una vida que te guste es "actuar como si". ¿Cómo sería tu vida si actuaras como si:

- *estuvieras seguro de ti mismo?*
- *te sintieras lleno de ideas creativas?*
- *fueras extrovertido?*
- *fueras bien parecido?*
- *estuvieras destinado a triunfar?*
- *te sintieras lleno de energía?*
- *fueras feliz y tuvieras propósitos?*

CUANDO CREES QUE TIENES LAS CUALIDADES QUE NECESITAS para tener una vida exitosa, comienzas a atraer nuevas experiencias. Tu guía intuitiva te proporciona la información relativa a la nueva dirección que tienes que elegir.

Emprender una acción es la parte que más a menudo es dejada de lado por la visualización creativa y el uso de afirmaciones. Para muchas personas, emprender una acción es la parte más difícil para crear la vida que seguir.

DA UN SALTO DE FE

Buda dijo: "Sólo hay dos errores que podemos cometer en el camino a la verdad: no recorrerlo por completo y no comenzar." Quizá necesitas un mejor empleo. Quizá te sientes impulsado a iniciar un nuevo negocio. Tu intuición puede indicarte que es hora de que te mudes a otro lugar con mejores oportunidades. A menudo la gente experimenta mucha incertidumbre y miedo en esta parte del proceso porque significa dejar atrás lo que es

> "SABER NO ES SUFICIENTE. ARRIESGA EL CONOCIMIENTO CON LA ACCIÓN Y ENTONCES SABRÁS SI ES ALGO GENUINO, UNA PRETENSIÓN O SÓLO INFORMACIÓN."
>
> SRI GURUDEV CHITRABHANU

conocido y seguro. Lo que tienes puede no ser lo que quieres, pero es algo que conoces.

Sin embargo, a fin de crear más de lo que quieres, tienes que saltar a lo desconocido. Tal transición invoca a menudo nuestros miedos más hondos, nuestras viejas heridas. Así, éste es momento de ser amable contigo mismo, de tratarte con amorosa amabilidad. Habla contigo como lo harías con tu mejor amigo si fuera él o ella quien estuviera atravesando por este cambio. Sé amable contigo y confía en tu propio ritmo. Escucha a tu guía y emprende acciones basadas en su sabiduría. Si no estás seguro de lo que te dice tu guía, sigue preguntando y da pequeños pasos. Sé paciente. El cambio a menudo requiere de tiempo.

CONSTRUIR PUENTES

A menudo la gente viene a una consulta cuando tiene que tomar una decisión. Había llegado a la conclusión de que todo el mundo estaba 100% seguro de sus decisiones y las tomaba fácilmente y sin esfuerzo. ¡Nada más lejano a la verdad! La mayoría estamos llenos de angustia, vacilamos cuando tratamos de tomar una decisión. Entre más transforme nuestra vida esa decisión potencial, más dudamos. Tengo lo que llamo la regla 60/40: si me siento ligeramente más segura de que la decisión que voy a tomar es buena, la tomo.

Uno de mis clientes, al que llamaré Pete, vino a verme hace un año. Tenía un empleo muy estresante y demandante en una compañía de contabilidad que exigía un compromiso de 80 horas a la semana. De acuerdo con sus palabras, era un "buen trabajo". Sin embargo, se sentía cansado e irritable constantemente y no tenía tiempo para sus amigos y familia ni para descansar. En otras palabras, no había equilibrio en su vida. La siguiente vez que vino a verme había decidido dejar ese empleo, aunque estaba torturado por la indecisión. "¿Qué pasa si no puedo encontrar otro empleo? Quizá debería quedarme en éste otro año. Trabajo para una compañía prestigiosa. Debo estar loco para pensar en dejarla."

Pete y yo hablamos sobre su deseo de tener más equilibrio en su vida y su meta última de trabajar como contratista de un equipo deportivo. En su actual empleo no tenía la posibilidad de que ocurriera nada de esto. Se sentía atrapado y temeroso de dar un salto de fe porque no había una "red de seguridad" que lo protegiera.

La mayoría de las personas sienten que necesitan una garantía de que las cosas funcionarán o, de lo contrario, tienen miedo a moverse. Estoy a favor de lo que llamo "construir puentes" en lugar de dar "saltos de fe". Cuando hay un puente, tienes una oportunidad ligeramente mayor de no caer en las rocas al tratar de cambiar de lugar. Construir un puente requiere de dar unos cuantos pasos hacia lo que crees que quieres.

Esto no involucra necesariamente un gran riesgo como dejar un empleo o terminar una relación. Podría ser tan simple como tomar una clase sobre algo en lo que estás interesado o hacer trabajo voluntario para una organización para la que quieres

> "HÁZLO Y TENDRÁS EL PODER."
>
> RALPH WALDO EMERSON

"EL COMPROMISO LLEVA A LA ACCIÓN Y LA ACCIÓN TE ACERCA A TU SUEÑO."

MARCIA WIEDER

trabajar. Lo que descubrí es que cuando das pequeños pasos para construir un puente, Dios te abre puertas que quizá ni habías visto. Surgen oportunidades y comienzan a ocurrirte sincronías.

Pregunté a Pete: "¿Qué pasito podrías dar para avanzar en dirección a tus sueños?" Meditó un momento y dijo que siempre quiso vivir en Arizona, donde había ido a la escuela y seguía teniendo muchos amigos. Quizá podía tomarse unas vacaciones, llenar solicitudes de empleo y hacer relaciones públicas. Estuvimos de acuerdo en que sería un plan excelente; combinaba una vacación muy necesaria con un paso hacia sus metas profesionales.

Cuando me llamó después, Pete dijo que había encontrado un nuevo empleo en Arizona. Se había encontrado con un amigo de la escuela relacionado con equipos atléticos y le había ayudado a conseguir empleo en una liga de béisbol. ¡Había encontrado lo que quería con sólo dar un paso!

EL PODER DE LOS PEQUEÑOS PASOS

Este ejercicio ofrece algunos ejemplos de pequeños pasos para generar la vida que quieres. Ninguno requiere tomar una decisión inmediata sobre un cambio de vida o asumir un gran riesgo.

George Bernard Shaw dijo: "La gente culpa siempre a sus circunstancias de ser quien es. No creo en circunstancias. Quienes llegan a este mundo son personas que van en busca de las circunstancias que quieren y, si no puede encontrarlas, las construyen." Tu tarea es confiar en que Dios abra las puertas correctas y emprender acciones. Tus sentimientos, corazonadas y relámpagos de intuición te indicarán qué acciones emprender. Tu desición de ser espontáneo, seguir tus urgencias interiores, hacer caso de tus sentimientos y ponerlos en acción te llevará a tus metas.

Si tus pensamientos tienden a ser negativos o pesimistas, pregúntate: "¿Cuál es otra manera de pensar esto?", o "¿Qué quiero hacer con mi vida?" Da "rodeos" cuando sea necesario. Recuerda: ¿prefieres estar en lo correcto o ser feliz? ¿Expresan tus pensamientos y creencias dominantes las verdaderas expectativas que tienes en la vida? Como dijo Will Rogers: "Incluso si estás en el camino correcto, no llegarás a ningún sitio si te quedas sentado."

ACÉRCATE A TUS SUEÑOS

Ejemplos:

1) Llama a un orientador profesional y haz una cita para comentar tus intereses. Trabaja con él o ella para hacer un plan de acción que haga realidad tus sueños.

✦

2) Habla con alguien que haya hecho un exitoso cambio de carrera acerca de cómo lo logró.

✦

3) Entrevista a alguien que tenga el empleo que tú sueñas.

✦

4) Inscríbete en una clase de algo que sea pura diversión o algo que quieras explorar como nueva profesión.

✦

5) Si estás pensando en mudarte de lugar, ve a ese sitio en vacaciones, suscríbete a un periódico local y pide a tus amigos referencias de personas que vivan allí.

✦

6) Investiga tus intereses en Internet o en una librería. ¡Los pequeños pasos cuentan! Estás construyendo un puente hacia la vida que quieres.

✦

7) Haz una cita con un asesor financiero para evaluar cómo podrías hacer un cambio de profesión y mantener al mismo tiempo tu seguridad financiera.

✦

Emprende acciones en cuando menos tres cosas cada semana que te acerquen a tus metas/visiones/sueños. Hacer un cambio en tu vida a menudo te hace sentir incómodo al principio. Los pequeños pasos cuentan. Concentra tu energía en crear nuevas cosas para tu vida. Tu intuición te indicará qué acciones emprender. El camino hacia tu meta comenzará a abrirse.

“LA VIDA ES UNA PRUEBA. ES SÓLO UNA PRUEBA. SI FUERA UNA VIDA REAL, TE HUBIERAN INDICADO A DÓNDE IR Y QUÉ HACER.”

TOMADO DE UN CARTEL

EL PLAN DE ESTUDIOS DIVINO

Cuando reviso mi vida puedo ver que todo lo que he transpirado me ha preparado exactamente para lo que hago ahora. Desde la perspectiva de mis cuarentas puedo vislumbrar mi pasado y ver que el loco empleo que tenía en el incipiente negocio de computadoras en mis veintes me ayudó a tener éxito para manejar mi propio negocio. El trabajo académico que desarrollé con niños discapacitados aumentó mis conocimientos de dinámica familiar, psicología y motivación; también me enseñó enormemente a desarrollar mi capacidad para sentir compasión y amor por otros, incluso diferentes a mí. Hasta los pocos meses que pasé cuidando a un niño de cuatro años con Síndrome de Down me proporcionaron más paciencia y capacidad para ver la vida desde una perspectiva distinta.

A LO LARGO DE TODO ESTE TIEMPO ME SENTÍ COMO GUIADA POR UNA FUERZA EXTERIOR que me empujó por mi camino. Cada experiencia parece, en retrospectiva, guiada por Dios para ayudarme a jugar un papel particular en esta vida. Cuando me doy cuenta de ello, me maravillo. Cada vez que atravieso por épocas difíciles, soy capaz de distanciarme del conflicto y detenerme a reflexionar qué nueva habilidad, cualidad o sabiduría puedo estar aprendiendo a través de esa situación. Esta manera de pensar los cambios y retos de la vida me brinda paz, en ocasiones cuando la necesito con desesperación.

TU PLAN DE ESTUDIOS DIVINO

Cuando llegaste a la Tierra fuiste confrontado a un conjunto de circunstancias. Existen muchas variables: tus padres, si te sientes o no amado, si tu familia tiene dinero o no, si estás enfermo o saludable. Entraste a la escuela de la vida e independientemente de tus particularidades, has aprendido a sacar el mejor provecho de lo que tienes.

El plan de estudios en esta escuela de la vida varía de persona a persona. Algunos pueden aprender sus lecciones a través de una situación familiar difícil; otros pueden hacerlo al atravesar por una crisis de salud, la muerte de un ser amado, un divorcio o quizás un revés financiero. El plan de estudios es guiado por Dios y realizado por tu alma. Tienes acceso a él a través de tu intuición.

"Ningún ALMA que aspire
a lograrlo fracasará en el intento de
elevarse; ningún CORAZÓN
que ame puede ser nunca
ABANDONADO.
Las DIFICULTADES existen
sólo porque, al
SUPERARLAS,
podemos hacernos más
FUERTES."

Annie Besant

La idea que sustenta el plan de estudios es ayudarte a aprender a perdonar, a ser compasivo, a conocer a Dios, a formar parte de la comunidad, a experimentar gratitud y a amar a otros. He notado que de las épocas oscuras y miserables de nuestra vida obtenemos nuestra curación más profunda y nuestras más profundas lecciones. Al seguir creciendo y aprendiendo en esta escuela de la vida, nos volvemos capaces de ofrecer nuestra sabiduría como un don que enriquece la vida de los demás.

Al momento de morir y repasar nuestra vida, ¿qué será lo que habrá contado en este salón de clases en la Tierra? Creo que serán, sobre todo, las pequeñas cosas: ser amable con un vecino, ayudar a un niño, aceptar la oportunidad para ser amigable con un extraño o compasivo con un compañero de trabajo en dificultades. Allí es donde residen las verdaderas oportunidades.

Nuestras lecciones más importantes

Dolor, pérdida, alegría y amor son parte de esta vida. El modo como respondamos a estas experiencias tiene mucho que ver con nuestro crecimiento espiritual. *The Course in Miracles* observa: "Pueden gustarnos las lecciones o podemos odiarlas, pero son parte del currículo. Las lecciones más importantes que aprendemos son sobre amor y miedo: cada acción es una expresión de amor o un llamado de amor. Y la mayor bendición es que cada lección se repite hasta que la aprendemos."

Aprender a confiar en tu intuición significa permitirte ser guiado por lo que reside en tu interior. Rick Nurriestearns escribe en su revista, *Personal Transformation*: "Tenemos que confiar en que esos eventos aparentemente aislados y esas decisiones

"TU DOLOR ES EL ROMPIMIENTO DEL CAPARAZÓN QUE TE IMPIDE LA COMPRENSIÓN."

KAHLIL GIBRAN

"LA VIDA SÓLO PUEDE SER ENTENDIDA HACIA ATRÁS PERO DEBE SER VIVIDA HACIA ADELANTE."

SØREN KIERKEGAARD

difíciles de razonar son como notas musicales que eventualmente integran la melodía que revela la divinidad de nuestra vida... Es un reto confiar en lo que no parece obvio; sin embargo, ser guiado por nuestro yo verdadero requiere que lo hagamos." Experimenta con el ejercicio de este capítulo y ve si puedes encontrar paz respecto a tus lecciones de vida difíciles.

Creo que todos deseamos que la vida no sea conmplicada. ¿No te gustaría leer un libro titulado *Diez pasos fáciles al éxito*, poner en práctica la información y vivir feliz de allí en adelante? El hecho es que cuando tropiezas y caes y cometes errores de juicio estás aprendiendo en la escuela de la vida.

Tus errores te ofrecen intuición. ¿Cuál es el error más grande que has cometido? Quizá fue una relación que sabías que no debiste haber comenzado. ¿O manejaste mal tus finanzas (o las de alguien más) con desastrosas consecuencias? ¿Qué hay del trabajo que aceptaste sabiendo que no estabas calificado? ¿Dijiste alguna vez algo horrible que devastó a otro?

Tus errores de juicio son útiles para que tu Yo Superior te haga consciente. Tus errores te ofrecen un don –si estás abierto a recibirlo– que puede conducirte hacia la curación y la compasión hacia ti y los demás. Las situaciones difíciles que ocurren en la vida son los modos de Dios para atraerte hacia una conciencia más profunda.

Quizás hayas tenido la experiencia de estar al borde de la desesperación por una situación que parecía fuera de control. Amigos bien intencionados pudieron decirte: "Déjalo en manos de Dios", o sencillamente "Olvídalo". Son frases que suenan tan simples y sin embargo son tan difíciles de llevar a cabo. ¿Cómo hacerlo cuando tu hijo está enfermo, o tu marido de hace 20 años te anuncia que está enamorado de otra? ¿Cuál es la lección que debe ser aprendida cuando

PARA COMPRENDER LAS LECCIONES DE LA VIDA

1) Describe una dificultad o situación dolorosa en tu vida. Puede ser algo por lo que estés atravesando actualmente o pudo haber ocurrido en el pasado.

....

....

....

....

....

✦

2) Siéntate tranquilamente, relájate y cierra los ojos. Imagínate rodeado por un sentimiento de amor, calor y compasión. Dedica unos momentos a visualizarlo.

✦

3) Evoca la situación que describiste en el inciso 1 pregunta a tu intuición qué aprendiste de esta experiencia. ¿Qué cualidades (como amor, perdón, compasión o confianza) desarrollaste? Escribe aquí cualquier cosa que te venga a la mente:

....

....

....

....

....

....

✦

4) Pregunta a tu intuición: "¿Hay algo más que necesito aprender a fin de resolver este asunto en mi vida?" Escribe aquí tu respuesta:

....

....

....

....

....

....

ocurren pérdidas trágicas y dónde está Dios en esos momentos?

Como sabes, si alguna vez atravesaste por un evento traumático, generalmente Dios no llega como Superman a salvarte y a cambiar el desenlace de la crisis. Pero hay algo en esta experiencia de "dejarse ir". Recuerda algún momento en el que tenías tanto dolor que gritaste "¡No lo aguanto más!" Lo que muchas personas reportan es una paz tremenda de "amor curativo" sobre ellas después de proferir su grito de ayuda. Es la asistencia de Dios haciéndose presente. Dios puede no alejar las circunstancias, porque de ellas aprendes, pero te proporciona siempre el amor, el consuelo y el apoyo que le pides.

A menudo no entenderás las lecciones de tus tragedias sino hasta mucho después de que hayan pasado y puedas mirar hacia atrás con sabiduría retrospectiva. En ocasiones no comprenderás por qué has tenido cierta dificultad. Tienes que continuar sencillamente con aquello por lo que estás agradecido en el momento actual de tu vida.

Aprendizaje a través de la confianza

Una de las mayores transformaciones en mi vida fue resultado de una decisión en apariencia inocua. Me di cuenta de que me la había pasado viendo el mundo a través de la lente del temor. Siempre tenía miedo; de tomar malas decisiones, al cambio, a lo que pensara la gente, a sencillamente no estar haciendo aquello que supuestamente debía aprender. La decisión que tomé fue vivir mi vida confiando en mi conocimiento interior, en mi intuición.

Razoné que mi antigua manera de aprender a través del miedo no funcionaba. Me sentía constantemente tensa, agitada y no estaba durmiendo bien. Imaginé que era posible que me restaban otros 40 o 50 años aquí en la Tierra y tenía que aprender mis lecciones. En lugar de tomar el restrictivo camino del miedo y la duda, decidí esforzarme por aprender mis lecciones de vida a través de la confianza. Me di cuenta de que controlaba mi mente y mis pensamientos, y podía elegir la duda y el miedo o la confianza.

El cambio no se produjo de la noche a la mañana. Como sucede con casi todo, lo realmente importante requiere de tiempo y paciencia. Cada vez que me sentía tentada a preocuparme o a tener miedo, me decía: "todo saldrá bien". Incluso cuando algo difícil se me presentaba, podía confiar en mi conocimiento interior para tomar las decisiones correctas. Si me sentía entusiasta, apasionada o en paz con una elección, decidía que era el curso de acción correcto.

Encontré que éste era un modo profundamente simple de vivir. Aprendí que cuando lo hago bien, voy en el flujo de una vida más ancha, sabia y sincronizada. Eventos, personas, dinero, casi cualquier cosa que necesito me llega sin el dolor y la dificultad que caracterizaba antes mi enfoque basado en el miedo.

"LA VIDA ES FUNDAMENTALMENTE UN ASUNTO DE CRECIMIENTO, UNA EXPERIENCIA DE CRECIMIENTO. EQUIVOCARSE ES UNA DE LAS MANERAS PARA APRENDER A DAR EN EL BLANCO. EL FRACASO ES UNA PARTE VITAL PARA EL ÉXITO. HEMOS CREÍDO ERRÓNEAMENTE QUE EL ÉXITO ES 'LLEGAR ALLÍ' CUANDO, EN REALIDAD, ES 'GANARSE EL DERECHO A ESTAR ALLÍ'. LOS RETROCESOS, INCLUSO LOS FRACASOS, PUEDEN SER UNA PARTE IMPORTANTE DE ESE APRENDIZAJE."

ERIC BUTTERWORTH

Ahora puedo atraer lo que quiero a través de la confianza y no de tener que atravesar un muro de miedo. Todavía tengo que emprender acciones concretas, por supuesto, pero ahora es a partir de quererlo y no de necesitarlo.

El poeta Rumi lo resumió de mejor manera: "Rara vez oímos la música interior, pero a pesar de ello todos danzamos a su ritmo." Bendito seas con la posibilidad de oír la música interior de tu vida y de regocijarte danzando a su ritmo.

"¿TIENE ESTE

CAMINO

UN CORAZÓN?

SI LO TIENE,

EL CAMINO

ES BUENO;

SI NO LO TIENE,

NO SIRVE."

CARLOS CASTANEDA

ELEGIR EL CAMINO CON CORAZÓN

¿Has abandonado alguna vez algo que deseabas realmente porque creíste que no serías capaz de alcanzarlo? Quizá tenías el sueño de viajar por todo el mundo, o tal vez querías tener una enorme casa en el campo o tu propio negocio exitoso algún día.

HE HABLADO CON MILES DE CLIENTES, A LO LARGO DE LOS PASADOS 15 AÑOS, que han contenido los deseos de su corazón porque no imaginaban cómo ir desde donde estaban hasta donde querían llegar. Decidieron que en lugar de arriesgar un posible fracaso al emprender acciones para realizar sus esperanzas y sueños, debían hacer algo más práctico. Muchos se convirtieron en infelices abogados, insatisfechos gerentes de ventas o frustrados contadores.

Estas profesiones fueron elegidas, a menudo, no porque sintieran pasión por estos trabajos sino porque eran pragmáticos y les proporcionaban el potencial de un ingreso más alto. No me malinterpretes: no hay nada malo en querer un empleo bien remunerado. El problema reside en que muchas personas pasan su vida ignorando su verdadero llamado, su pasión, el verdadero camino de su corazón. El autor Studs Terkel lo resume al decir: "La mayoría de las personas tienen empleos que son demasiado pequeños para su espíritu." El hecho es que si sigues el camino con el corazón y haces lo que verdaderamente

"SABER
CÓMO ELEGIR
EL CAMINO DEL CORAZÓN
ES APRENDER A
SEGUIR
A LA INTUICIÓN.
LA LÓGICA PUEDE DECIRTE
A DÓNDE
PODRÍA CONDUCIRTE UN CAMINO
PERO NO PUEDE JUZGAR
SI TU CORAZÓN
ESTARÁ EN ÉL."

JEAN SHINODA BOLEN

te gusta, nunca trabajarás un día de más en tu vida.

Voy a compartir algo de vital importancia contigo: nunca habrá un momento más perfecto para que te embarques en tu verdadero llamado que ahora. ¿Por qué deberías asumir este riesgo? Cuando sigues el llamado de tu corazón y comienzas a avanzar hacia aquello por lo que sientes verdadera pasión, habrás comenzado el proceso que te atraerá una vida abundante y alegre. El mayor error es esperar que la vida sea perfecta antes de comenzar a hacer un cambio.

TU CORAZÓN INTUITIVO

Sé que la mayoría tiene hipotecas que pagar, comestibles que comprar y niños que enviar al colegio. No estoy sugiriéndote que abandones tu empleo ni que pienses que de la noche a la mañana las cosas cambiarán de manera tan drástica que harás lo que te guste y ganarás mucho dinero. Sin embargo, ¿cómo sería tu vida si sólo echaras a andar el proceso para hacer lo que te gusta?

¿Qué te gustaría hacer con tu vida? ¿Cuáles de las siguientes afirmaciones son ciertas en tu caso?

- Veo con entusiasmo cada día porque me gusta lo que hago.
- Tengo abundancia suficiente para pagar mis cuentas, dinero para causas que lo valen y ahorro e inversión para un cómodo retiro.
- Tengo equilibrio en mi vida y tiempo para mí mismo, mis amigos y mi familia.
- Me siento motivado y productivo en mi trabajo.
- Me siento amado y apreciado.
- Siento que el trabajo que hago sirve a otros.
- Tengo más que suficiente energía para cumplir con mis tareas cotidianas.

Si la mayoría de estas afirmaciones se aplican a tu caso, entonces ¡felicitaciones, vives la vida que te gusta! Si no es así, puede ser que te sientas abrumado o descorazonado. ¿Cómo comienzas a crear el cambio que deseas? Te tengo buenas noticias. Con sólo hacerte consciente de lo que quieres generar, incluso en abstracto, habrás comenzado a atraerlo hacia ti. Cuando concentres tus pensamientos y corazón en abundancia, amigos, comunidad y apoyo, en lugar de hacerlo en su opuesto, te habrás embarcado en un nuevo camino.

Tu intuición te guía hacia las elecciones correctas a través de tu corazón. Cuando tienes que hacer una elección, elige aquello que te convoque y que te entusiasme. Emprende la acción a la que tu corazón te guía. Si te sorprendes diciendo "Tengo que hacerlo", o "Debería hacer esto o aquello", tómalo como señal enviada por tu intuición de que tienes que volver a concentrarte donde esté la energía positiva y hacer una nueva elección.

Serénate. Permítete relajarte y sentirte en paz. Pregúntate: "¿Cuál es mi llamado?", o "¿Qué me hace feliz?" Escucha. Permite que tu intuición –los suaves murmullos en tu mente, el profundo conocimiento interno de tu corazón, su sabiduría– te guíe. Deja que las respuestas salgan a la

"EL CORAZÓN TIENE RAZONES QUE LA RAZÓN DESCONOCE."

PASCAL

"DIOS ESTÁ EN TU CORAZÓN Y SIN EMBARGO LO BUSCAS EN LO SALVAJE."

ARJUN

superficie. Quizá tengas un relámpago de intuición. La resolución de un curso de acción puede desplegarse si pones atención a tus sentimientos. Podrías darte cuenta sencillamente de que tienes la respuesta a tu problema: la solución puede surgir por entero en tu mente.

ESCUCHA A TU CORAZÓN

En cuanto comiences a estimular tu capacidad intuitiva preguntándole y actuando de acuerdo con la sabiduría que te proporciona, serás bendecido con sabia inteligencia. Siempre está allí para guiarte. Comienza con tu corazón. Mira en el fondo y confía en lo que sientas y percibas.

En ocasiones tu intelecto no sabe cómo manejar una situación difícil o tomar una decisión que altere tu vida, pero tu corazón sí lo sabe. Una de las formas principales en que tienes acceso a tu sabiduría intuitiva es a través de tu corazón. La próxima vez que te sientas confundido, pregúntate: "¿Qué dice mi corazón?", y escucha su respuesta. El autor Stephen Levine lo expresó del siguiente modo: "Podría decirse que Dios no puede ser conocido a través de la mente sino sólo del corazón."

MANTÉN ABIERTO EL CORAZÓN

¿Qué significa el éxito para ti? ¿Cómo sabrás cuando lo hayas alcanzado? El filósofo y escritor Joseph Campbell define éxito como la capacidad de "acatar tu destino". Es hacer lo que te alegra, así como contribuir a la felicidad y bienestar de tus amigos, familia y comunidad. Cuando sigues el camino con el corazón, estás acatando tu destino así como tu guía divina. Estás haciendo lo que viniste a hacer. Estás marcando una diferencia en este mundo. Estás utilizando el don del amor divino que reside en tu corazón al hacer lo que más disfrutas.

Eres único. Escucha a tu corazón y haz lo que te diga haciendo lo que te gusta. Nadie más puede vivir tu vida y hacer lo que viniste a crear y a

¿QUÉ DICE TU CORAZÓN?

He aquí algunas preguntas que debes hacerte para estar seguro de estar en el camino de tu corazón:

✦

1) ¿Te sientes entusiasmado y apasionado con la elección que estás haciendo? Ésta es una de las principales maneras en que te guía tu intuición.

✦

2) ¿Sirve o ayuda tu decisión a otros, lo mismo que a ti? Cualquier elección que es un verdadero "camino del corazón" no sólo satisface tus metas y deseos de algún modo sino que sirve a los demás.

✦

3) Cuando emprendes acciones a partir de tu elección, ¿comienzan a abrirse oportunidades y se producen sincronías? Pon atención a cualquier signo y símbolo que te indique que emprendiste la acción correcta.

✦

4) ¿Te proporciona la decisión que tomaste la ocasión de usar tus dones, capacidades y habilidades únicos? El camino de tu corazón siempre aprovecha tus talentos particulares; son parte de tus herramientas para crear tu destino en esta vida.

aprender. Un mundo espera que eches a andar tu negocio, que despliegues tus hermosos diseños florales, que publiques tus inspirados escritos o que ofrezcas ánimo a través de tu sabiduría. En aquello que te guste es donde debes concentrar tus elecciones. El camino del corazón es el modo de Dios de mostrarte la dirección que debes seguir. Es el camino que hay que tomar para lograr tu destino.

Swami Chidvilasananda, gurú de la tradición Siddha Yoga del hinduísmo, instruye a sus seguidores mediante la pregunta "¿Qué puedo dar?" Cree que la mayoría se acerca a la vida con las manos abiertas diciendo "Dame lo que quiero". Piensa que cuando mantienes abierto el corazón y te permites estar al servicio de otros recibes verdadera abundancia y bienestar.

NO POSPONGAS TU FELICIDAD

Mira a tu alrededor y ve todas las ricas oportunidades de servir verdaderamente a los demás preguntándote "¿Qué puedo hacer que deba ser hecho?" Muchos actos del corazón suponen poco tiempo o dinero y pueden tener un fuerte impacto en quien los recibe. Envía una nota de agradecimiento por gozar de la amistad de alguien, lleva comida a una persona sin hogar, di a alguien lo que aprecias de él o ella, envía una donación anónima a alguien con problemas financieros, regala un certificado de regalo para un salón de belleza a alguien que ha estado bajo tensión y necesita mimarse. La lista es infinita. Al hacerlo, descubrirás que tu corazón se abre y fluye más alegría, amor y abundancia en él.

Quizá hayas leído este capítulo pensando que si haces todo esto, tu futuro será mejor que el presente. La verdad es que tu poder reside en el aquí y el ahora. No pospongas tu felicidad hasta que encuentres la relación perfecta o el empleo ideal. Experimenta la vitalidad de cada momento; concéntrate en lo que te hace verdaderamente feliz, promueve el amor y te dará contento... aquí y ahora. Éste es el camino del corazón y te aseguro que cuando hagas de este camino tu elección constante experimentarás una vida exitosa, abundante y feliz.

> "NUESTRA RELIGIÓN ES LA TRADICIÓN DE NUESTROS ANCESTROS -LOS SUEÑOS DE NUESTROS ANCIANOS, QUIENES LOS RECIBIERON EN LAS SOLEMNES HORAS DE LA NOCHE DE PARTE DEL GRAN ESPÍRITU- Y ESTÁ ESCRITA EN EL CORAZÓN DE NUESTRO PUEBLO."
>
> JEFE SEATTLE

> "PERMITE QUE LA PAZ DE DIOS GOBIERNE EN TU CORAZÓN..."
>
> COLOSENSES 3:15

"UNA MANERA DE
SABER QUE ESTAMOS
SINTONIZADOS CON
LA FUERZA DE LA VIDA
QUE ES DIOS ES SENTIRNOS
MÁS Y MÁS VIVOS.
NOTA QUÉ TE DA VIDA Y
QUÉ TE LA QUITA,
QUÉ TE DESGASTA Y
TE OBNUBILA DE MODO
QUE SÓLO ARAÑAS
LA SUPERFICIE DE LA VIDA.
COMIENZA A DECIR SÍ A LO
QUE TE IMPULSA Y
TE ENERGETIZA,
A LO QUE TE DA ALEGRÍA
Y GRATITUD."

MARY MANIN MORRISSEY

LIBÉRATE DE LO QUE TE DETIENE

¿Quién no se ha sentido abrumado al experimentar que sencillamente no puede "más"? ¿Qué haces cuando te sientes estresado? La mayoría asumimos que el estrés proviene de algo externo. Decimos "Si tuviera un jefe diferente, mi trabajo estaría bien", "Si mi esposa me ayudara con las tareas, sería más feliz", "Si mi familia me apoyara más no estaría sintiendo esta angustia".

CUANDO ESTÁS ESTRESADO Y SOBRECARGADO, LO SABES. Trabajas 70 horas a la semana en la oficina y sin embargo no puedes ir al día. Tus amigos llaman y quieren reunirse y no puedes encontrar el tiempo para devolver sus llamadas, mucho menos para cenar con ellos. No parece que puedas encontrar tiempo para ir a la tienda a comprar alimentos sanos. Te vas a dormir exhausto pero no puedes conciliar el sueño. Tratas de sobrevivir con cuatro o cinco horas de sueño y te despiertas enojado, hipersensible e irritable. Maltratas a tus hijos, tu cónyuge, tu equipo de trabajo, otros conductores de camino al trabajo, e incluso maltratas a tu perro. ¿Experimentas algo así? No es bonito, ¿verdad?

¿QUÉ TE DRENA?

Considera tu estrés extremo de otra manera: como una señal de tu guía interior de que algo no está funcionando bien en tu vida. Tu intuición te está diciendo que bajes el ritmo, que revises las cosas que te agotan y comiences a liberarte de lo que te lo produce. En otras palabras, tu fatiga, tu debilidad y tu falta de energía se suman a un mensaje importante de tu intuición: tómate el tiempo para volver a priorizar tu vida. Los síntomas negativos son el intento de tu intuición por comunicarte que es hora de que te concentres en lo que te proporciona energía y contento y comiences a liberarte de lo que te drena.

«LO TERRIBLE ES

ES PRETENDER QUE

EL SEGUNDO LUGAR ES EL

PRIMER LUGAR.

PRETENDER QUE

NO NECESITAS AMOR

CUANDO SÍ LO NECESITAS,

O QUE TE GUSTA

TU TRABAJO CUANDO

SABES MUY BIEN QUE

ERES CAPAZ DE ALGO MEJOR.»

DORIS LESSING

> "COMIENZA A VIVIR AHORA. SACA LA VAJILLA DE PORCELANA QUE RESERVAS PARA LAS OCASIONES ESPECIALES. DEJA DE CONTENER TU AMOR HASTA QUE SE MATERIALICE LA PERSONA ADECUADA. CADA DÍA QUE ESTÁS VIVO ES UNA OCASIÓN ESPECIAL. CADA MINUTO, CADA RESPIRO ES UN DON DE DIOS."
>
> MARY MANIN MORRISSEY

Puedes elegir ignorar estos mensajes. Muchos lo hacen. Hacer cualquier cambio es difícil cuando te sientes totalmente abrumado. Sin embargo, he observado que cuando haces caso omiso de las claves que te indican que tu vida está en desequilibrio, Dios te proporciona más evidencia hasta que una crisis irrumpe y te ves forzado a hacer un cambio.

ANIMA TU ESPÍRITU

Muchos piensan que la voluntad de Dios es que trabajemos duro y hagamos "lo correcto". El mensaje que recibimos al crecer fue "Debes hacer esto", o "No debes hacer esto" si quieres tener éxito en este mundo. Ciertamente, no te dijeron que escucharas con cuidado a tu corazón o tu sabiduría interior y que hicieras lo que te dice que hagas.

Has reconocido que tu vida está fuera de control y te sientes drenado y exhausto. De modo que surge la pregunta central: "¿Cómo comienzo a generar una vida en equilibrio? ¿Cómo comienzo el proceso de aprender a apreciar y a disfrutar de mi vida de nuevo?" Aclarar tus prioridades y saber qué te energetiza es el primer paso. Este ejercicio contiene una serie de preguntas que te ayudarán a comenzar.

La mayoría de las personas manejan su estrés tomándose unas vacaciones. Por supuesto que estoy a favor de las vacaciones. Pero, a menos que comiences a hacer cambios día a día en tu vida, es posible que cuando vuelvas te sientas igual de desequilibrado que antes de irte. Asegúrate de darte algún descanso todos los días. No me refiero a grandes cambios, sino a un momento del día que te brinde un respiro. Pueden ser cosas pequeñas, como dar una caminata durante la hora de comer o salir temprano de la oficina para cenar con un amigo o dejar tiempo los fines de semana para hacer algo no planeado o concertar un masaje o escuchar música que te relaje al llegar a casa.

Lograr que una vida fuera de control recupere el equilibrio no es tarea fácil. Escribir una lista como acabas de hacerlo y hacerte más consciente de lo

> "MANTENER UNA VIDA COMPLICADA ES UNA EXCELENTE MANERA DE EVITAR CAMBIARLA."
>
> ELAINE ST. JAMES

PARA LOGRAR UNA VIDA EQUILIBRADA

¿Quién o qué te da energía? Ésta es una clave de tu guía interior para saber qué hacer. Podría tratarse de personas de cuya compañía disfrutas o de cosas que te gusta hacer. Puede ser tan simple como tener tiempo para leer una novela o tomar un baño de lujo antes de ir a dormir. Quizá te sientas energetizado cuando pasas tiempo con los niños, escuchas música, te dedicas al jardín o prestas servicio voluntario a un grupo local. Comienza a poner atención a las ocasiones en que te sientes entusiasta, apasionado y lleno de energía. Enlista aquí algunos ejemplos:

....

....

✦

¿Quién o qué te agota? Podría ser una situación, un patrón habitual de pensamiento o una persona. Cualquier cosa que te enerve es parte del sistema de retroalimentación de tu intuición que te indica lo que debes evitar o de lo que debes alejarte. Podría ser un amigo o compañero de trabajo negativo, un trabajo que no te sirve o una manera de pensar tu vida. Si te sientes agotado, deprimido, sin esperanza o temeroso sobre alguien o algo en tu vida, cuentas con una valiosa clave que te sugiere un cambio.

....

....

✦

¿Qué NECESITAS hacer? Afrontémoslo, si pudieras hacer lo que quisieras, estarías acostado en un sillón, comiendo fruta tropical y disfrutando del sonido de las olas. Sin embargo, para ser prácticos, revisemos el mínimo que necesitas hacer. Es probable que nada de lo que enlistaste en la parte "lo que te agota" de este ejercicio cambie de la noche a la mañana. Quizá necesites conservar tu empleo por ahora. Puede ser que estés obligado a cuidar a tus padres enfermos. Es útil revisar esos aspectos de tu vida que sientes como "debo hacerlo".

....

....

✦

¿Qué te gusta hacer? En ocasiones nos quedamos atrapados en nuestra vida al punto que olvidamos hacernos esta pregunta. Para fines de este ejercicio, trata de suspender el pensamiento a propósito de cómo podrías lograr esos sueños. ¿Qué te gusta hacer? Lo que te hace sentir fuerte, inspirado y entusiasta es información valiosa proporcionada por tu sabiduría interior. Indica la dirección en que necesitas mirar. Borronea aquí unas cuantas ideas:

....

....

✦

¿Cuál es tu plan de acción? Revisa las listas que recién escribiste. Tal vez te surgirán algunas ideas. Encontrarás alguna clara indicación de algo de lo que necesitas liberarte, los aspectos de tu vida que te agotan evidentemente. También descubrirás cosas que te energetizan y te reaniman. Escribe algunos pequeños (o grandes, si conviene) pasos que estás dispuesto a dar.

....

....

"OCURREN EVENTOS SINCRÓNICOS CUANDO ESTÁS COMPROMETIDO CON CUIDARTE MUY BIEN... UNA FUERZA DIVINA RESIDE DETRÁS DE TI PARA APOYAR TUS DECISIONES."

CHERYL RICHARDSON

que te agota, así como de aquello que te da energía, es un primer paso. Tienes que hacer algunas elecciones a fin de recuperar el equilibrio.

TUS MENSAJES INTERIORES

Recuerda que si ignoras todos los mensajes que recibes sobre el desequilibrio en tu vida, el universo te lanza una comunicación más explícita: "¡CUIDADO! ¡Esto requiere un cambio! ¡Pon atención!" Si los mensajes interiores son desatendidos por mucho tiempo, tu cuerpo comienza a transmitir serios signos de incomodidad. Los dolores de cabeza, tensión muscular, cansancio, nudos en el estómago y úlceras son formas familiares en que la gente experimenta signos de estrés.

Cuando cultivas continuamente emociones negativas hacia ti mismo o hacia los demás, comienzas a crear una situación tóxica para tu cuerpo y para tu vida entera. Cuando tus pensamientos están llenos de miedo y de odio y tu vida está llena de pánico, estás dirigiéndote hacia una crisis que a menudo resulta en una enfermedad. Cuando aprendes a honrar la sabiduría de tu intuición diariamente y actúas de acuerdo con la información que te proporciona, encuentras que tu vida se mantiene en equilibrio a pesar de las circunstancias externas. El escritor Somerset Maugham lo resumió mejor cuando dijo: "Es algo curioso de la vida. Si te rehúsas a no aceptar más que lo mejor, a menudo lo obtendrás."

"SUMA TODOS
LOS PENSAMIENTOS
ATEMORIZANTES
QUE EXISTEN EN
LA MENTE DE
LA PERSONA PROMEDIO,
MÍRALOS OBJETIVAMENTE
Y TRATA DE DECIDIR CUÁNTO
BIEN PROPORCIONAN.
VERÁS QUE TODOS
LOS PENSAMIENTOS DE MIEDO,
Y NO SÓLO UNOS CUANTOS,
SON INÚTILES. NO HACEN BIEN.
CERO. INTERFIEREN
CON SUEÑOS, ESPERANZAS,
DESEOS Y PROGRESO."

RICHARD CARLSON

MIEDO: EL BORDE DE TU REALIDAD

El miedo es el mayor lastre que impide a la mayoría de las personas alcanzar sus sueños. ¿Sabes que todo el mundo lo experimenta? Es lo que ocurre cuando te sales de la zona de seguridad que conoces y entras al borde de tus esperanzas, sueños y ambiciones. Danaan Perry escribió un hermoso ensayo en el que compara la vida con una serie de barras de trapecio: "La mayor parte del tiempo, paso mi vida aferrándome desesperadamente a mi barra de trapecio del momento." Cuando vuelve a asirse a su barra regular recupera el control.

SIN EMBARGO, INEVITABLEMENTE, LA VIDA INTERVIENE Y LO OBLIGA A PASAR A SU SIGUIENTE BARRA DE TRAPECIO. "Es mi siguiente paso, mi crecimiento, mi vitalidad que me impulsa. Muy en el fondo sé que para crecer debo aflojar el puño de esta actual y bien conocida barra y avanzar hacia una nueva."

PARA LIDIAR CON EL MIEDO

El miedo es el mayor lastre que impide a la mayoría de las personas alcanzar sus sueños. Muchos sentimos miedo y decimos "No doy un paso más", "Dénme una garantía de éxito y entonces sigo", o incluso: "Tengo miedo. Debe ser mi intuición diciéndome que es una dirección incorrecta."

Muchos elegimos quedarnos atorados o caminamos por aguas inestables. Nos sentimos seguros donde estamos. Nos convencemos de que lo que tenemos no es tan malo y renunciamos a nuestros sueños.

¿Vives tu vida con un pie en el freno (tu miedo) y el otro en el acelerador (tu sueño)? Con esa combinación tiendes a neutralizar cualquier movimiento hacia adelante. Si quieres avanzar en la

"UNO NO TIENE QUE SER SANTO
Y HABER SANADO PARA EXPERIMENTAR
LA GUÍA DIVINA.
DE HECHO, TAL GUÍA
A MENUDO RESULTADO DEL
DOLOR Y DE LOS PROBLEMAS...
CUANDO LAS COSAS
VAN BIEN,
NO REQUERIMOS DE GUÍA.
LOS REPENTINOS RELÁMPAGOS DE
INTUICIÓN Y LOS SUEÑOS
QUE TENEMOS EN NUESTRAS HORAS
MÁS AMARGAS SON CAPACES,
SIN EMBARGO, DE RENOVAR NUESTRA VIDA,
CAMBIAR NUESTRO CURSO,
Y CURAR UN ESPÍRITU QUEBRANTADO."

JOAN BORYSENKO

vida, debes soltar el freno. Se necesita valor para enfrentar tus miedos. Al entrar en contacto con tu guía interior, ésta te proporciona valor.

Al emprender acciones en dirección a tus sueños puedes sentir como si estuvieras en el borde de un precipicio. Estás a punto de dar un salto de fe y nadie está allí para cacharte. Pero no estás solo. La inspiración y la dirección que te da tu intuición está allí para guiarte con seguridad hacia tus esperanzas y sueños. La voz de Dios existe en todos y cada uno. A menudo no pedimos ayuda. No hemos construido una relación con nuestra guía interior, lo que es triste porque puede ser como un mejor amigo que nos anima y orienta cada vez que lo necesitamos.

MIEDO *VERSUS* INTUICIÓN

Cuando das un paso en la nueva dirección es probable que te sientas incómodo. Asusta. Es posible que sientas ansiedad. Estás en una situación en la que nunca antes estuviste. La novedad es una mezcla de cosas. Puede hacerte sentir tremendamente excitado y abierto a experiencias e ideas que quizá nunca antes consideraste. Pero también puede hacerte sentir miedo. De pronto nada te es familiar. Estás en territorio desconocido, sin mapa para llegar a tu destino. En ocasiones no sabes siquiera cuál es ese siguiente destino. Puede ayudarte saber que casi todo el mundo siente miedo y ansiedad cuando prueba cosas nuevas. Está bien tener miedo, es natural. Lo más importante es no dejar que el miedo se convierta en una señal de "alto" en tu vida.

Una de las preguntas que me formulan con más frecuencia cuando hago lecturas es "¿Cómo puedo saber la diferencia entre mi miedo y mi intuición?" Creo que todo este asunto de si es miedo, ansiedad, paranoia o intuición ¡es bastante complicado! He descubierto que requiere de práctica y de la capacidad de estar en contacto con tus sentimientos.

Por ejemplo, cuando me pidieron que escribiera *The Complete Idiot's Guide to Being Psychic* en el verano de 1998, me sentí contenta y entusiasta. Estos sentimientos me indicaron que mi guía interior estaba diciendo "Esto es bueno. Hazlo". También experimenté miedo y ansiedad. ¿Podría escribir bien? ¿Podría trabajar con la presión de una fecha de entrega? Así, tuve que decidir en cuál de esos sentimientos

> "NO PODEMOS ESCAPAR AL MIEDO. SÓLO PODEMOS TRANSFORMARLO EN UN COMPAÑERO QUE NOS ACOMPAÑE A TODAS NUESTRAS EMOCIONANTES AVENTURAS. ASUME UN RIESGO CADA DÍA: UN PASO PEQUEÑO O MAYOR QUE TE HAGA SENTIR BIEN UNA VEZ QUE LO HAYAS HECHO."
>
> SUSAN JEFFERS

confiar. Sabía por otras experiencias que a menudo soy un poco ansiosa cuando comienzo un nuevo proyecto: es un sentimiento conocido. Es muy distinto a la depresión que me sugiere "No quiero hacer esto", a la enviada por mi intuición para indicarme: "¡Éste no es el camino correcto para ti!"

¿CÓMO SABER?

Lo más duro de la intuición es que sabes pero no sabes cómo lo sabes, y en ocasiones ¡ni siquiera sabes que sabes! Me explico. Sugiero que subdividas tu decisión en pequeños pasos, de ser posible. De ese modo no te sentirás tan abrumado y probablemente no sentirás tanta ansiedad. He descubierto que cuando das pequeños pasos hacia lo que indica tu intuición, a menudo se abren puertas. Es el modo de Dios de decir "Tomaste una buena decisión". Tu otra salida es quedarte quieto y no moverte. ¡No recomiendo tal alternativa!

En ocasiones, hacer un movimiento drástico –un paso GRANDE, un salto de fe– es importante. Sólo entonces puedes entender, a través de la experiencia, que puede confiarse en Dios en forma segura. La canción de los Rolling Stones "You Can't

PARA SUPERAR EL MIEDO

Haz una lista de los éxitos de los que te sientes orgulloso de haber alcanzado:

✦

Describe qué te llevó a cada una de esas situaciones. Cosas que puedes considerar: ¿Sentiste miedo y ansiedad en algún punto de tu camino al éxito? ¿Cómo superaste ese miedo? ¿Qué papel jugó tu intuición para ayudarte a alcanzar tu meta?

✦

¿Qué cualidades sientes que desarrollaste como resultado de estos éxitos?

✦

¿Qué otras cosas buenas recibiste como resultado de estos logros?

✦

Al mirar atrás, ¿cuáles fueron los factores clave para que tuvieras éxito?

✦

¿Cómo podrías aplicar lo que has aprendido en este ejercicio para alcanzar una nueva meta en tu vida?

Always Get What You Want" viene a cuento. El coro dice "No siempre puedes conseguir lo que quieres. Pero si tratas, a veces consigues lo que necesitas".

Si estás en una situación que te genera ansiedad y que debes soportar por un tiempo, trata de mirarla de un modo distinto. La mayoría sucumbe a la autocompasión: "¿Por qué me tuvo que pasar esto a mí?". "¿Qué hice para merecer esto?" Desafortunadamente, ese tipo de pensamiento drena toda tu energía positiva y sólo te hace sentir mal y te mantiene atorado. Di en silencio: "Quiero ver esta situación de un nuevo modo. Quizá no puedo ver lo bueno en este preciso momento pero creo que llegaré a entenderlo."

CONOCE Y LIBERA TU MIEDO

El miedo puede serte útil. En las mejores circunstancias, el miedo está allí para prevenirte de que estás tomando un riesgo y debes estar preparado. Muchas personas, cuando reciben un "mensaje de miedo", sólo dicen: "Tengo miedo. Creo que no debería asumir ese riesgo." ¿Qué tal si lo volteamos? Cuando reconozcas que tienes miedo, ansiedad y estás al borde del abismo, trata de hablar con tu miedo directamente: "Te conozco, Miedo. Sé que estás aquí para protegerme. Estoy abierto a lo que tengas que decirme para que pueda prepararme, pero no te permitiré guiar mi vida." Se trata de reconocer tu miedo. Cualquier cosa a la que te resistas sólo aumentará de tamaño. Acepta tu

"PUEDES VOLVER A COMENZAR EN CUALQUIER MOMENTO QUE ELIJAS, PORQUE ESO QUE LLAMAMOS FRACASO NO ES CAERSE SINO QUEDARSE ABAJO."

MARY PICKFORD

"VENCER EL MIEDO ES EL PRINCIPIO DE LA SABIDURÍA."

BERTRAND RUSSELL

miedo. Es parte de tu psicología y está allí por una razón, pero no tiene por qué gobernarte.

Si el miedo es tu compañero constante y te impide alcanzar tus metas, quizá tienes que cambiar de enfoque y pedir a tu guía interior que te ayude con esto. He aquí una oración que puedes probar. Asegúrate de cambiar las palabras para que se acomoden a lo que necesitas.

> *"Sé que estoy lleno de miedo y ansiedad en este momento. Sé que tengo sueños que quiero realizar. Mi miedo está interfiriendo en mi camino. Sé que necesito ayuda para superar este miedo. Creo en tu poder curativo. Ayúdame, por favor, a dejarme guiar para que pueda recibir la fortaleza y energía para alcanzar mis sueños. Dejo que tu guía oriente mi vida a través de mi intuición. Con este poder puedo avanzar hacia mis sueños."*

Cualquiera que tenga un sueño conoce el miedo. Parte de la exigencia de realizar tu sueño es traspasar las fronteras de tu miedo. He descubierto que cualquier sueño que valga me genera miedo y ansiedad. Entre más grande es mi miedo, más excitante y, en última instancia, más importante para mi vida es el sueño.

El doctor Gerald Jampolsky escribió, en su libro *Teach Only Love*: "Sólo hay dos emociones, amor, nuestra herencia natural, y miedo, una invención de nuestra mente que es ilusoria. A cada instante elegimos entre ambos y nuestra elección determina el tipo de día que tenemos y el modo como percibimos el mundo." Confía en que el poder que guía el universo guíe tu vida. Pide que te asista la sabiduría de Dios para liberarte de tus miedos a fin de que realices tus sueños.

"CONSIDERA TODOS Y
CADA UNO DE LOS OBSTÁCULOS
COMO LECCIONES, NO COMO
INDICACIONES DE FRACASO.
RECUERDA QUE ESTÁS
PRACTICANDO LA PACIENCIA Y
EL DISTANCIAMIENTO DEL
RESULTADO. CUANDO ALGO
PAREZCA UN OBSTÁCULO,
NO USES ESTE HECHO
PARA NEGAR LA EXISTENCIA
DE LA ENERGÍA UNIVERSAL
QUE ES TU ESENCIA...
TODO LO QUE SE MANIFIESTA
EN TU VIDA ES POR ALGO.
ESTO INCLUYE LOS TROPIEZOS,
QUE TE PROPORCIONAN LA ENERGÍA
QUE TE IMPULSA A UN ESTADO
MÁS ELEVADO DE CONCIENCIA."

WAYNE DYER

¿QUÉ PASA CUANDO NO OBTIENES LO QUE DESEAS?

Hay momentos en la vida de todas las personas en que no saben si abandonar sus metas o continuar siendo pacientes y resistir la incertidumbre. Es un momento muy doloroso. Puedes estar lleno de culpa e indecisión. "¿Debo continuar o debo rendirme? Quizás estoy haciendo algo mal." Cualquier razón que esgrimas, el grito a Dios puede resumirse como "¡He probado todo lo que sé para hacer que este sueño se cumpla y nada funciona!"

TODOS ENFRENTAMOS UN MOMENTO EN QUE LO QUE MÁS QUEREMOS parece estar fuera de nuestro alcance. Puede tratarse de una relación, un empleo, más dinero o mejor salud. Ser incapaz de alcanzar una meta acariciada puede resultar solitario y asustar. El miedo que experimentamos va más allá del mero hecho de que la meta no ha sido alcanzada. El miedo nos hace preguntarnos "¿Tenemos en realidad algún control sobre nuestra vida?"

ESTAMOS AQUÍ PARA APRENDER

Cada persona cuenta con un sistema de creencias distinto sobre cómo lograr lo que quiere en la vida. Para algunos esto puede incluir afirmaciones y visualizaciones. Otros pueden creer que con trabajo duro y sacrificios eventualmente lograrán sus recompensas. Muchos otros creen en la suerte, el destino o el "karma". Algunos piensan que ir al terapeuta suficientes veces para elaborar sus asuntos puede ser de ayuda. Por favor, entiende que no estoy criticando ninguno de estos caminos; tienen su lugar en el esfuerzo hacia una vida equilibrada.

Veo a muchos clientes que están en caminos espirituales. Son buscadores que tratan de encontrar a Dios. Creo que hay muchas formas de encontrar y de

LA PLEGARIA DE RENDICIÓN

He aquí una oración que uso cuando tengo problemas para alcanzar mis metas:

✦

Querido Dios:
Si este sueño que tengo es para que sea mejor, por favor muéstrame el camino para alcanzarlo. Ayúdame a sentir pasión por este sueño, a tener valor y persistencia. Si este sueño no me beneficia ni a los demás, reoriéntame. Pongo en tus manos este interés y te pido que me llenes de paciencia. Amén.

experimentar una conexión con Dios. El denominador común que veo es que en algún punto todos llegan a lo que llamo "El momento de rendición". Es el momento en que reconocen que todas las afirmaciones, trabajo duro, batallas, terapia no les han proporcionado sus anheladas metas. Vienen a verme y preguntan: "¿Por qué está ocurriéndome esto?", y se preguntan si quizá están siendo castigados porque Dios no está contento con ellos.

En ocasiones, ésta es la respuesta más difícil para mí. Esto es lo que sé. Hay sabiduría y amor que fluyen a través de nosotros y animar nuestro mundo y tienen una razón de ser. Cuando tengo un cliente sentado en mi oficina, infeliz, frente a mí, que ha "probado todo" literalmente para alcanzar su meta, le pido que considere soltar el control sobre el resultado. En otras palabras, rendir ese control.

En nuestra limitada capacidad humana puede ser que no comprendamos qué propósito cumplimos con nuestra lucha. Sé que estamos en la Tierra para aprender compasión, perdón, amor, piedad, fe y tolerancia. A través del sufrimiento y del dolor que resultan de las épocas y circunstancias difíciles, a menudo llegamos a conocer a Dios. En esas ocasiones en que padecemos el máximo dolor y somos más vulnerables, nos rendimos al final. Una tremenda paz nos invade al saber que no tenemos que controlarlo todo, que en realidad estaremos bien, que independientemente de las circunstancias externas volveremos a integrarnos.

ENFRENTAR DIFICULTADES

Veo clientes cuando están luchando con la indecisión o perdiendo de vista sus sueños. Mucha gente asume que si camina por el camino espiritual "correcto" siempre se sentirá de maravilla. Tendrá una salud perfecta y sostendrá una relación con su alma gemela enviada por el cielo; el dinero fluirá todo el tiempo y sus hijos serán perfectos y bien adaptados.

Bien, sigan soñando. La realidad es que parte de construir nuestros sueños son las dificultades y aquellos asuntos que estamos aquí para confrontar. Estamos aquí para aprender amor, compasión, perdón, paciencia, persistencia, valor, fe y otra miríada de maravillosas cualidades que la mayoría hemos olvidado. Que nuestros sueños no sean exactamente como los imaginamos no significa que no llegarán a hacerse realidad. La oscura noche del alma que quizá estés atravesando podría ser parte de un pasaje a un sueño aún más grande.

El caos y la indecisión son partes naturales de la construcción de tus sueños. La fe se construye, en ocasiones, paso a paso. Tu meta no es necesariamente crear cada sueño en forma exacta como lo imaginaste. Tu meta es tener una vida equilibrada de amor y compasión por ti mismo y por quienes te rodean, a pesar de tus circunstancias. Es una meta ambiciosa, pero Dios pone constantemente lecciones en tu camino hasta que conquistas estas cualidades.

"LOS RETRASOS DE DIOS NO SON SUS NEGACIONES."

BETH MENDE CONNY

La respuesta a la pregunta "¿Qué debo aprender aquí?" está en tu interior. Viniste a esta vida conociendo tu misión y su propósito. Muy rara vez la respuesta es algo concreto. "Estás aquí para encontrar una cura para el SIDA", o "Tu misión es ser el presidente de los Estados Unidos". Más bien las indicaciones que oigo al respecto al hacer lecturas para mis clientes son parecidas a "Carol vino a esta vida a afinar su capacidad curativa a través de la comprensión y la experiencia del perdón y de la compasión", o "John ha elegido esta vida para aprender lecciones sobre fe, confianza y amor". Se te presentan lecciones que viniste a aprender, a desaprender o a reaprender.

CUANDO TE SIENTES ATORADO

No eres víctima de estas situaciones, aun cuando puedes sentirte así. Trata de verte como un estudiante de la dificultad que estás enfrentando. Adquiere el hábito de preguntar: "¿Qué vine a aprender?" A menudo la gente hace las preguntas incorrectas, como si fueran víctimas: "¿Por qué me ocurre esto a mí?", o "¿Qué estoy haciendo mal?" ¿Puedes ver la diferencia entre la primera y las últimas preguntas?

Trata de utilizar tu guía interior para ayudarte cuando te sientas atorado en una situación difícil. Formula preguntas como "¿Qué tengo que aprender?". "¿Cómo podría ver esta situación de diferente manera?" y "¿Cuál es el mejor resultado posible de esto?" La respuesta puede no siempre brotar en tu mente. En ocasiones lleva un tiempo reentrenar a tu pensamiento, así como escuchar aquellos sutiles mensajes interiores que te envía tu sistema de orientación. La respuesta puede presentarse como un impulso por probar algo diferente o como un despertar gradual a una nueva manera de pensar un obstáculo que has estado confrontando.

"PIENSA EN USAR TODOS LOS OBSTÁCULOS COMO ESCALONES PARA CONSTRUIR LA VIDA QUE QUIERES."

MARSHA SINETAR

"LA VIDA ES FUNDAMENTALMENTE UN ASUNTO DE CRECIMIENTO, UNA EXPERIENCIA DE CRECIMIENTO. EQUIVOCARSE ES UNA DE LAS MANERAS EN LAS QUE APRENDEMOS A DAR EN EL BLANCO. EL FRACASO ES UNA PARTE VITAL DE LOGRAR EL ÉXITO... LOS REVESES, INCLUSO LOS FRACASOS PUEDEN SER PARTE IMPORTANTE DE ESE APRENDIZAJE."

ERIC BUTTERWORTH

LOS REVESES SON NORMALES

Rosalind Russell dijo: "Los fracasos son parte del menú de la vida y ¡no soy una chica a la que le guste perderse algo!" Entendía que a menudo alcanzamos el éxito a través de una serie de altibajos. Cuando estés alicaído y te sientas atorado, ten la certeza de que generalmente eso no dura. Está perfectamente bien que seas como eres. Sencillamente te encuentras en una transición.

Los obstáculos y los reveses son colocados en tu camino para favorecer el desarrollo de nuevos aprendizajes. Están allí para permitirte tener nuevas habilidades o formas nuevas de percibir la vida antes de que des el siguiente paso. Aprende a ser paciente contigo mismo. Encuentra algunas formas de disfrutar tu vida a pesar del adormecimiento y sigue concentrándote en lo que quieres. Casi siempre hay alguna distancia entre tus sueños y la realidad. Pero si puedes imaginar esa realidad, también puedes lograrla.

"LA GRATITUD, COMO LA FE,
ES UN MÚSCULO. ENTRE MÁS LO
USES, SERÁ MÁS FUERTE Y
TENDRÁS MÁS PODER
PARA USARLO EN
TU PROVECHO.
SI NO LA PRACTICAS,
SU BENEFICIO PASARÁ
INADVERTIDO Y TU CAPACIDAD
PARA ALLEGARTE
SUS DONES DISMINUIRÁ.
SER AGRADECIDO
ES ENCONTRAR BENDICIONES
DONDE QUIERA.
ES LA MÁS PODEROSA ACTITUD
QUE PUEDE ADOPTARSE
PORQUE HAY BENDICIONES
POR DOQUIER."

ALAN COHEN

LA SABIDURÍA DE LA GRATITUD

Cuando entré a mis treinta volví a la escuela para obtener mi grado de Maestría en Educación. Cuando pensé en volver a la escuela me sentí bastante entusiasmada y agradecida por la oportunidad. Sin embargo, mi primer semestre no fue tan emocionante como había esperado. "Esto no es divertido", me dije. "Es difícil. No sé si puedo soportarlo tres años."

EN POCAS PALABRAS, ME SENTÍA MISERABLE. ESTABA ABRUMADA POR EL HECHO DE QUE ME HABÍA INSCRITO EN un programa de tres años. "Tres años menos de vida", seguía diciéndome casi como un mantra. Me sentía sola y llena de autocompasión.

Afortunadamente, un día, después de meditar, se me ocurrió otra cosa: "Lynn, no son tres años menos de vida. Son tres años de tu vida y puedes elegir entre convertirlos en algo divertido o espantoso. La decisión es tuya." Eso marcó mi nueva aventura en el posgrado. Estaba decidida a cambiar de actitud y sentirme agradecida con la experiencia. Pensé en lo que quería aprender y en lo que me resultaba divertido. Decidí hacer algunos amigos en lugar de ver a los demás tan distintos a mí. Se convirtió en una nueva experiencia a través de mi cambio de actitud. La intuición que se apoderó de mí fue que no era la escuela lo que tenía que cambiar, sino mi actitud la que hizo la diferencia.

Melodie Beattie dijo: "La gratitud abre la plenitud de la vida. Convierte lo que tenemos en lo suficiente y más... Puede transformar un

"EN NUESTRA VIDA COTIDIANA, DEBEMOS VER QUE NO ES LA FELICIDAD LO QUE NOS HACE AGRADECIDOS SINO EL AGRADECIMIENTO LO QUE NOS HACE FELICES."

ALBERT CLARKE

alimento en un festín, una casa en un hogar, un extraño en un amigo. La gratitud da sentido al pasado, trae paz al presente y crea una visión para el mañana."

¿Por qué te sientes agradecido? Tienes una excelente oportunidad de vivir tu vida con alegría sin importar cuáles sean tus circunstancias. No tienes que posponer tu felicidad hasta que tengas la relación que quieres o hayas pagado todas tus deudas o tu empleo soñado te caiga del cielo. La alegría no existe en algún lugar. La alegría es un esfuerzo interior. El modo como generas más alegría en tu vida es albergando mucha gratitud.

Cuando comencé a ofrecer lecturas, batallé bastante para entender por qué ocurrían cosas malas a gente buena. Todavía no logro comprenderlo por completo, pero lo que sé es esto: puede que no seas capaz de cambiar las circunstancias de tu vida pero puedes cambiar tus pensamientos y actitudes al respecto. Es la única verdad que puede hacer de tu vida un paraíso o un infierno. No eliges que tu cónyuge muera; no eliges tener un hijo con un defecto de nacimiento; no eliges ser herido en un accidente. Pero lo que sí puedes elegir es cómo responder a estas circunstancias.

Potencial de transformación

Cualquier crisis, si lo permites, contiene su potencial dinámico para la transformación personal y espiritual. Mucha gente se atora en una pesadilla terrorífica cuando algo terrible ocurre en su vida. No ve la salida a su miseria. Está atrapada en un círculo vicioso de desesperación y vacuidad sobre el que, en apariencia, no tiene control alguno. Sin embargo, en esos momentos, cuando siente que no tiene nada que perder, comienza a encontrar los primeros indicios de fe, los tenues matices de un hilo de esperanza que puede regresarla de la desesperación.

Cuando estás atrapado en un patrón de ira, victimización y desesperanza, te sientes desconectado de la fuente de poder que puede ayudarte. La haces a un lado y crees que no puede existir posibilidad alguna de curación o de salvación. Mientras que no hay un "camino correcto" para volver de tan difícil lugar, cada dolorosa transición te abre la posibilidad de que haya un Dios, una energía amable, sabia y amorosa que no sólo te guía a través de eso que buscas sino también te ayuda a producir una transformación en tu vida.

Una herramienta para el cambio

A menudo la gente espera que la respuesta a sus oraciones sea un inmediato cambio positivo en sus circunstancias, quizá un milagro. A veces así ocurre. Con mayor frecuencia, no es así. Cuando pides guía a Dios, comienza a ocurrir un cambio profundo. Quizá te sientas atraído hacia un libro que te haga sentir mejor al modificar tu perspectiva. Tal vez te sientas inspirado a hablar con un amigo que tiene la sensible capacidad de reorientarte. Se presenta por sí sola una nueva oportunidad donde parecía que nada existía. Poco a poco se hace claro un nuevo camino.

Creo que una actitud de gratitud puede transformar las circunstancias de vida más difíciles en una bendición. Tengo una colega, Ann Durrum Robinson, una consultora intuitiva y creativa de

“SI TE CONCENTRAS EN ENCONTRAR TODO LO BUENO DE CADA SITUACIÓN, DESCUBRIRÁS QUE TU VIDA SE LLENARÁ DE PRONTO DE GRATITUD, UN SENTIMIENTO QUE NUTRE EL ALMA.”

RABBI HAROLD KUSHNER

86 años; probablemente una de las personas más resistentes que conozco.

Se llama a sí misma la “Presidenta de los Aburridos”. Imparte charlas maravillosas desde su “silla de ruedas alada”. (La llama el mejor “carrusel” cómico.) Se gana la vida con charlas como “Poemas de las malas rachas”, o “Qué hacer cuando la vida se jode, un estudio sobre resistencia”.

¿Te has dado cuenta de lo difícil que es permitir que tu sabia y amorosa guía fluya a través de ti cuando estás enojado y alterado? La gratitud es una poderosa herramienta para transformar tus emociones negativas en positivas. Comienza justo donde estás sin importar cuáles sean tus circunstancias. Expresar aprecio echa a andar un cambio dinámico: de la resistencia a una actitud

"LA GRATITUD ES UNA FORMA DE SABIDURÍA. ES PACIENTE, AMOROSA, ESPERANZADA Y RIGUROSAMENTE HONESTA. NADA NIEGA Y NADA DESCUIDA. VE A LA REALIDAD DE FRENTE Y DICE: 'ESTO ES CIERTO, ÉSTE SOY YO, ÉSTA ES MI SITUACIÓN Y TENGO LA OPORTUNIDAD DE CONSTRUIR A PARTIR DE AQUÍ. ¡ÉSTE ES MI PUNTO DE ARRANQUE Y TENDRÉ ÉXITO!"

PHIL HUMBERT

ABRE TU CORAZÓN A LA GRATITUD

Hay numerosas maneras de promover la gratitud. El flujo de apertura y amor comienza cuando abres tu corazón para dar sin esperar nada a cambio.

✦

Comienza por hacer saber a los demás que te importan.

✦

Practica actos aleatorios de amabilidad.

✦

Envía flores cuando no sea un cumpleaños ni otra ocasión especial.

✦

Escribe una nota de gratitud a un amigo enlistando todas las cosas que te gustan y que le admiras.

✦

Escucha a alguien sin juzgarlo.

✦

Visita a alguien que vive encerrado.

✦

Envía un donativo anónimo a una persona que lo necesite.

✦

Comienza un diario de gratitud.

más abierta y fluida que abre nuevas posibilidades y opciones.

¿POR QUÉ TE SIENTES AGRADECIDO?

La fe es un gran componente del siguiente paso. Si confías en que Dios tiene un mensaje para ti, que hay una solución a mano aun cuando no puedas verla por ahora, la gratitud pone en marcha la conciencia correcta para abrirte al flujo de la gracia y la bondad.

Mientras estoy recostada en la cama por la noche me quedo dormida revisando mi día. Pienso en los momentos especiales. Ayer, los dos chicos que viven enfrente, Kristina de tres años y Devan de siete, tocaron a mi puerta y vinieron a visitarme. Nos sentamos a platicar en la cocina, comimos galletas y bebimos leche. Kristina nos contó emocionada sobre el nuevo vestido que su madre le había comprado y Devan habló de un proyecto científico en el que participa en su escuela. Al pensar en mi día, ésa fue la parte por la que más agradecida me sentí. Toda la visita duró quizás unos cinco minutos, antes de que se dedicaran a otra cosa.

Sophy Burnham escribió: "Todos tenemos ángeles que nos guían... Nos cuidan. Nos curan, nos tocan, nos consuelan con invisibles manos cálidas... ¿Cómo nos ayudan? Pidiéndoselo. Agradeciéndoselo." Concentrarme en aquello por lo que me siento agradecida me ayuda a ser más consciente del momento que está ocurriendo. Puedo incluso pensar: "Me pregunto si este momento será lo que más apreciaré del día. Debo saborearlo."

EL DON DE LA VIDA

En ocasiones la respuesta me sorprende. Generalmente es algo muy simple. Disfruté de ver un atardecer o tuve una gran conversación con un amigo o la caminata que di por la noche con mi marido me hizo apreciarlo mejor. Me siento más presente y viva. Este momento es un don de la vida. Es un momento en el que estoy consciente de Dios y agradecida de estar viva.

"TODO TIENE SUS MARAVILLAS, INCLUSO LA OSCURIDAD Y EL SILENCIO, Y APRENDO QUE, EN CUALQUIER ESTADO EN EL QUE ME ENCUENTRE, HAY EN ELLO CONTENTO."

HELEN KELLER

"TODO LO QUE HACEMOS
ESTÁ INFUNDIDO DE
LA ENERGÍA CON QUE
LO HACEMOS. SI SOMOS
FRENÉTICOS, LA VIDA
SERÁ FRENÉTICA.
SI SOMOS SERENOS,
LA VIDA SERÁ SERENA.
NUESTRA META
EN CUALQUIER SITUACIÓN
SE TRANSFORMARÁ EN
PAZ INTERIOR. NUESTRO
ESTADO INTERNO
DETERMINA LA FORMA
COMO EXPERIMENTAMOS
LA VIDA."

MARIANNE WILLIAMSON

SACIA TU ALMA

¿Qué te viene a la mente cuando piensas en "cuidar de ti"? Piensa detenidamente un momento... ¿Unas largas vacaciones en la playa? ¿Masajes interminables? ¿Un mes completo en un spa? Quizá imaginas que podrás hacerlo cuando te retires.

La mayoría piensa en tomarse tiempo libre para en verdad nutrirse. Pero, ¿cómo sería tu vida si tuvieras equilibrio, paz y tranquilidad de manera cotidiana? ¿Qué pasaría si no necesitaras salir de tu vida cotidiana para cuidar de tu alma? ¡En nuestra vida contemporánea tenemos tan pocas ocasiones para reflexionar! Sin embargo, allí reside con frecuencia el cambio espiritual y restaurador, así como la guía interior. Solía ser muy común disfrutar de esta suerte de tiempo. Sencillamente se daba en los espacios entre los eventos de nuestra vida.

SENTARSE EN EL PORCHE DESPUÉS DE CENAR, IR EN BICICLETA AL TRABAJO O A LA ESCUELA, DAR UNA LARGA CAMINATA durante la hora de la comida son cosas que nutren el cuerpo lo mismo que el alma. Los momentos de serenidad se presentan cuando esperamos que hierva el caldero, que deje de llover, que se cueza lo que está en el horno. Ya no ocurren tan frecuente ni tan fácilmente y la gente los extraña. Es el ritmo natural de la vida.

NÚTRETE

Hace varios años conocí a una clienta llamada Helen. Tenía treinta y tantos años, era bien vestida y atractiva... y estaba tremendamente abrumada. Traté de hacerle una lectura. Cada vez que sugería una forma nueva o diferente de atender un asunto o situación en su vida, Helen me hacía saber que era imposible porque tenía ¡tanto que hacer!

Tenía una letanía de razones por las que no podía de manera alguna bajar su ritmo o hacer cualquier cambio en su vida. Tenía hijos que cuidar, a su suegra enferma y su insatisfactorio trabajo de tiempo completo y horas extra. Me sentí exhausta de sólo escucharla. Me di cuenta de que todo lo que Helen recitaba estaba relacionado con cuidar de los demás. Esta inteligentísima mujer estaba a punto de una crisis nerviosa.

Toda la energía, ideas y creencias de Helen estaban concentradas en hacer más, tener más y hacerlo todo a la perfección. Cuando le pregunté cómo cuidaba de sí misma, hizo una larga pausa. Se quedó mirandome sin verme y al final dijo: "Nunca me detengo a pensar en ello."

"PORQUE NO HAGO SINO TRATAR DE PERSUADIR A TODOS, VIEJOS Y JÓVENES, DE QUE NO CONFUNDAN SU PENSAMIENTO CON SU PERSONA O SUS PROPIEDADES SINO PRIMERO Y PRINCIPALMENTE SE OCUPEN DE LAS GRANDES MEJORÍAS DEL ALMA."

PLATÓN

La tarea que di a Helen fue que comenzara a pensar qué le proporcionaba energía y qué la agotaba. ¿Qué extrañaba? ¿Cómo podía descargarse a fin de lograr un mejor equilibrio? ¿Qué la apasionaba y entusiasmaba? Luego me informó que nuestra conversación había sido una de las más significativas que había sostenido. Nunca nadie le había preguntado qué era importante para ella y nunca se lo había preguntado a sí misma.

¿Te has descubierto tan atrapado en las frustraciones de tu trabajo, tener que llevar a tus hijos a todas sus actividades extraescolares, preparar la comida y batallar con la vida que te olvidas de preguntarte "Cuál es mi verdadero propósito"? Quizá, como Helen, tienes miedo de hacerte esa pregunta. El doctor Richard D. Dobbins lo expresa así: "Hasta que el dolor de seguir siendo el mismo es más fuerte que el dolor de cambiar, la mayoría de las personas prefieren seguir igual."

¿Cuándo comenzarás a sintonizarte con tu alma y a escuchar su sabiduría? ¿Te dejas atrapar a tal punto por las exigencias de tu vida que descuidas ofrecerte renovación emocional, física y espiritual? Sin embargo, es en esos momentos cuando recuerdas lo que tiene sentido. John Wanamaker escribe: "La gente que no puede encontrar tiempo para la recreación se ve obligada más temprano que tarde a destinar tiempo a enfermar." Encontrar tiempo para nutrirte cuando estás sano es mucho más placentero. ¿Estás dispuesto a comenzar?

Restaurar la paz

Comienza a mantener el ritmo que te convenga, que te haga sentir que la vida está fluyendo, que no sea frenética y fuera de control. Si estás sereno y eliges vivir una vida equilibrada, tendrás paz. Cuando te sientes constantemente cansado, de malas y fuera de ti, tu guía interior trabaja horas extra para llamar tu atención. Te dice: "¡Cuidado! ¡Tu vida está en fuerte desequilibrio!" Dios te advierte para que corrijas el curso al señalarte que el actual te despojará de toda tu energía.

No puedes hacerlo todo. Acéptalo. Sólo eres humano, como el resto. Tu tarea consiste en reconocer cuándo tu vida ha perdido equilibrio y, tan pronto como te sea posible, hacer lo necesario para restablecer el paso. ¿Cuánto tiempo quieres esperar para esperar a vivir "la buena vida"? Tu intuición señala constantemente el camino que te llevará allí.

Cuando te cuidas y tomas tiempo para hacer lo que te gusta, estás en equilibrio. Tienes tiempo y espacio para volver a sentir y apreciar la plenitud y riqueza de tu vida. Date tiempo para la oración y la meditación (lo que puedes hacer para experimentar la presencia de Dios). Puedes lograr contacto con todos los recursos posibles de una guía curativa para tu mente, cuerpo y espíritu.

"TODOS DEBERÍAN SABER QUE NO PUEDE VIVIRSE DE OTRO MODO QUE CULTIVANDO EL ALMA."

TOMÁS MORO

PARA REGENERAR CUERPO, ALMA Y ESPÍRITU

Si has leído hasta aquí, sabes que atender los llamados de tu pasión es la manera de honrar a tu guía interior. ¿Qué te gusta hacer que sea divertivo y creativo? ¿Cómo apartas tiempo para la contemplación? ¿Cómo puedes hacer más espacio para esas actividades que son verdaderamente regenerativas y no enervantes? Esas ocasiones te ofrecen tiempo placentero y tranquilo para que serenes tu espíritu. Son regalos de Dios para ayudarnos a recuperar la plenitud. Si no he enlistado aquí tus pasatiempos favoritos, por favor escríbelos en el espacio extra. Tienes una meta en tres etapas: 1) Hacerte consciente de lo que te nutre. 2) Ser honesto contigo a propósito de la última vez que te hiciste tiempo para realizar esta actividad. 3) Elaborar un plan de acción para apartar más tiempo para realizar estas actividades.

✦

TAREAS ARTÍSTICAS Y CREATIVAS

(Escribir, pintar, cocinar, dibujar, bailar, cantar, pasatiempos, manualidades)

Actividad favorita	¿Cuándo fue la última vez?	Plan de acción para hacerlo más a menudo

TIEMPO PERSONAL

(Orar, llevar un diario personal, contacto con la naturaleza, meditación, descansar, fantasear, lecturas motivacionales, jardinería, descanso (spa, retiros), clase espiritual o servicio)

Actividad favorita	¿Cuándo fue la última vez?	Plan de acción para hacerlo más a menudo

TIEMPO SOCIAL

(Hablar con amigos, voluntariado, recibir a cenar, ir a un evento musical, ver una obra de teatro, comer con un amigo)

Actividad favorita	¿Cuándo fue la última vez?	Plan de acción para hacerlo más a menudo

ACTIVIDADES FÍSICAS

(Yoga, tai chi, desportes de raqueta, natación, patinaje, correr, esquiar, deportes en equipo)

Actividad favorita	¿Cuándo fue la última vez?	Plan de acción para hacerlo más a menudo

«DETERMINA TU INTENCIÓN Y CONFÍA EN QUE EL UNIVERSO SE HAGA CARGO DE LOS DETALLES.»

MIKE FOTHERINGHAM

CAUDALES DE AYUDA PARA CREAR UNA VIDA A TU GUSTO

Soy una persona muy ocupada. Florezco cuando atiendo un montón de proyectos al mismo tiempo. Mientras escribo este libro, sigo dando consulta a mis clientes, dirijo talleres, envío órdenes de audiocintas, escribo noticias y artículos, paso tiempo con mi familia, promuevo mis otros libros, etcétera. Quizá sean otras las cosas que integran tu lista de "Pendientes", pero espero que encuentres útil mi enfoque.

Hace un par de años tuve un periodo de unos meses en que me sentí totalmente abrumada. Estaba tratando de hacerlo todo. Mi vida estaba bastante desequilibrada y comencé a considerarlo como un mensaje de mi intuición que me exigía ponerle atención. Estaba emergiendo un nuevo camino y quería hacer espacio para que sucediera. La impresión más fuerte que tuve cuando medité fue el deseo de suspender las sesiones con mis clientes y escribir un libro. Es normal que comiences un libro escribiendo una propuesta y enviándola a agentes. Si a un agente le gusta la propuesta de libro, entonces comienza un largo proceso de vender la idea del libro a potenciales editores. Generalmente te enfrentas con múltiples rechazos.

Sentía que ya hacía demasiadas cosas, y el proceso de promover un libro a través de un largo y arduo camino parecía empujarme al precipicio. Seguí preguntando a mi intuición qué podía hacer para que mi vida recuperara el equilibrio. Medité en ello varios días y escuché una vocecita que decía "Déjanos ayudar".

«Podemos contar con esa presencia que se manifiesta a través de sentimientos, sueños y sincronías. La intuición es un estado natural de conciencia en el que nuestra pequeña y aislada mente se abre a la enorme mente de lo divino.»

Joan Borysenko

Lo que me ocurre a menudo cuando recibo impresiones intuitivas es que todo un cúmulo de información surge en mi cabeza ya acabado. Lo que entendí con esas dos palabras es que había una legión de asistentes en forma de guías o ángeles que estaba esperando para apoyarme. La imagen que vino a mi mente fue la de un enorme equipo de dispuestos empleados esperando. Solté una carcajada cuando me di cuenta de que tenía un grupo de guías como asesores y que estaban diciéndome que estaban subutilizados.

MANTÉN LA VISIÓN DEL ÉXITO

Para entender mejor este concepto, considera todos los eventos que ocurren diariamente en los que ni siquiera tienes que pensar. Sencillamente ocurren. Supón que se te asigna el empleo de Amo del Universo. ¿Cómo crees que sería tu lista de "Pendientes" diarios?

- Asegúrate de que el sol salga al iniciar el día.
- Vigila que el pasto siga creciendo.
- No permitas que no haya nieve en el hemisferio sur a mediados de julio.
- Asegúrate de que el sol se ponga a la hora correcta en cada huso horario.
- Revisa que la fuerza de gravedad siga operando.

Ya entendiste. Un maestro zen dijo: "La primavera llega y el pasto crece por sí mismo." Hay millones de cosas que funcionan milagrosamente todos los días sin que tengas que hacer el mínimo gesto para que así sea. ¿No te gustaría aprovechar este poder para alcanzar tus metas?

Creo que Dios nos provee con infinidad de recursos plenos e infinitamente creativos para ayudarnos a lograr lo que venimos a aprender y a realizar. Las razones por las que no usamos este don de la providencia son múltiples. Una es que en general pensamos que tenemos que hacerlo todo por nosotros mismos. Nos abrumamos tanto que casi siempre paramos antes de comenzar. Además, a la mayoría le resulta más fácil quejarse de lo que no tiene que hacer algo al respecto. Al hacer eso bloqueamos a nuestra guía, la que podría virar nuestra perspectiva fácilmente hacia una nueva y más útil dirección.

> "AL BUSCAR VIVIR LA VIDA Y SEGUIR LOS MODOS DE SER QUE ESTÁN MEJOR SINTONIZADOS CON DIOS Y NUESTRO SUPERIOR DESTINO, NUESTROS ÁNGELES SON ATRAÍDOS MÁS CERCA PARA GUIARNOS Y ACONSEJARNOS."
>
> ALMA DANIEL, *ET AL.*

¿Has estado alguna vez con una persona exitosa? No gastan demasiada energía en preguntas como "¿Por qué no puedo conseguir lo que quiero?", o "¿Qué ocurrió en mi infancia que me hace fracasar?" En cambio, formulan una clara demanda: "Quiero lograr ESTO:..." (Llena el espacio en blanco.) Mantienen en mente una visión de lo que quieren lograr. La mayoría de la gente exitosa no se deja atrapar por los pequeños detalles. Se fijan en la perspectiva panorámica y se abren camino para llegar a donde quieren ir.

ASISTENCIA DEL UNIVERSO

Creo que en el preciso instante en que se formula un deseo claramente, tus guías y ángeles comienzan a reunir sus fuerzas para canalizar la energía a fin de que se materialice y realice esa meta.

Como lo mencioné al principio de este capítulo, hace varios años quería escribir un libro pero me sentía abrumada con la sola idea del proceso. Tenía una fuerte resistencia a hacer alguna de las cosas "normales" que hace una persona a fin de publicar un libro. Me sentía guiada a honrar mis sentimientos y a comenzar a escribir nada más.

A la derecha hay una muestra de una lista de pendientes de una época anterior a la publicación de mi libro *The Complete Idiot's Guide to Being Psychic*. Después de dedicarme a escribir unos tres meses, recibí una llamada de una mujer que dijo representar a las *The Complete Idiot's Guide*. Pidió que le devolviera la llamada y dejó un número. Debo confesar que había oído hablar de la serie *Dummies* pero no de las *Complete Idiot's Guides* por ese entonces. Pensé que alguien me estaba haciendo una broma. Cuando llamó por tercera ocasión, me encontró. Imagina mi sorpresa cuando supe que quería hablar conmigo para publicar ¡el mismo libro que había comenzado a escribir! ¡Mis guías y ángeles habían trabajado duro!

MI LISTA DE "PENDIENTES" MUESTRA

MIS "PENDIENTES"	PENDIENTES DE GUÍAS Y ÁNGELES
Escribir un capítulo sobre guías interiores	Encontrar editor adecuado para mi libro
Enviar solicitudes de audiocintas	Encontrar un excelente asistente administrativo
Iniciar un archivo de prensa	Encontrar un publirrelacionista positivo y exitoso
Enviar la información de clase a The Learning Society	Asistirme con el éxito del libro

En su libro *Real Magic*, Wayne Dyer se refiere a la existencia de este mundo invisible. Escribe: "En toda época y civilización, parecen traslaparse tres ideas acerca de la vida y el más allá. La primera, que hay un mundo infinito, invisible, más allá del mundo que experimentamos. La segunda, que este mundo infinito es parte de cada personalidad humana. Y la tercera, que el propósito de la vida es descubrir este mundo infinito."

¿Cómo ves? ¿En qué necesitas ayuda en tu vida? ¿Hay algo en lo que has estado esforzándote pero parece que el camino está lleno de obstáculos? En la siguiente página hay un ejercicio para que puedas obtener asistencia del Universo para que cumplas tu misión.

"TODOS TENEMOS ÁNGELES GUARDIANES DELANTE Y DETRÁS, QUE NOS CUIDAN POR ORDEN DE DIOS."

EL CORÁN

"CON INTUICIÓN, SABEMOS LO QUE NECESITAMOS SABER JUSTO CUANDO NECESITAMOS SABERLO. PARECE QUE EL UNIVERSO NO DESPERDICIA TIEMPO O ENERGÍA. LA INTUICIÓN NOS PRESENTA INFORMACIÓN CUANDO LA NECESITAMOS, NI ANTES NI DESPUÉS, Y UTILIZA CUALQUIER MEDIO DISPONIBLE PARA ENCONTRARNOS."

PENNEY PEIRCE

PIDE ORIENTACIÓN

Así es como trabajo cuando solicito ayuda en mis oraciones y meditaciones: "Dios, me gustaría que me ayudaras a publicar mi libro. Me siento entusiasmada escribiendo este libro y confío en que me estés hablando a través de mi entusiasmo por este proyecto. Si es este el camino que debo seguir, por favor envíame señales y reconocimiento. Muéstrame el camino correcto. Permíteme recibir ayuda de tus guías y asistentes. Dame la sabiduría para que me dé cuenta cuando llegue este apoyo. Dame paciencia, fortaleza, amor y valor en este nuevo camino que emprendo. Amén."

PIDE Y RECIBIRÁS

Lista cinco cosas en las que te gustaría que tus guías y ángeles te ayudaran.

1)

....

....

2)

....

....

3)

....

....

4)

....

....

5)

....

....

A continuación algunas sugerencias de lo que puedes hacer con tu lista:

✦

Fíjala en la pared de tu oficina o recámara o en cualquier lugar donde la veas con frecuencia.

✦

Colócala en una caja de "deseos" y ponla en un estante sabiendo que recibirá la atención adecuada de tus asistentes.

✦

Haz un *collage* de imágenes que sugieren que alcanzaste tus metas. Puedes recortar revistas o, si tienes talento, dibujarlas o pintarlas.

✦

Añade estos asuntos a tu lista de pendientes y repítete cada día que están siendo manejadas con cuidado por parte de tus asistentes.

✦

Escríbelas en tarjetas que cargues en tu billetera o bolso.

«NADA TEMAS. CUENTAS CON TODA LA SABIDURÍA, TODO EL PODER, TODA LA FORTALEZA, TODO EL ENTENDIMIENTO.»

EILEEN CADDY

TU GUÍA INTERIOR SABE

Vivimos tiempos difíciles. ¿Cómo puedes encontrar las sabias respuestas a las decisiones que enfrentas cuando las cosas son tan complejas y abrumadoras? Quizá estás tratando de descubrir cómo cuidar a una madre enferma cuando tienes trabajo de tiempo completo y tratas de ser un buen padre para tus propios hijos. Quizá estás ponderando un cambio profesional a la mitad de tu vida y deseas que alguien te garantice que funcionará.

Quizá estés abrumado por las deudas y te sientas paralizado de miedo sobre el futuro. Cualquiera que sean las dificultades que estás enfrentando, tienes un poderoso sistema de orientación interno que te asiste.

Si lo escuchas diariamente, sólo tendrás que dar un paso a la vez. Tu intuición nunca te da más de lo que puedes manejar. La respuesta puede llegar a través de una idea inspirada, una imagen que se forma en tu mente o una repentina corazonada que te ofrece una nueva dirección creativa. Cuando te miras hacia adentro constantemente y preguntas "¿Cuál es el curso de acción correcto?", o "¿Qué camino debo tomar?", serás recompensado con la guía sabia y divina.

Tus amigos y familiares pueden ayudarte si escuchan y te dan retroalimentación sobre tus elecciones y opciones. Quizá encuentres libros sobre los temas de tu dilema. Pero sólo tú conoces la respuesta que te conviene. Otras personas pueden asistirte, pero cuando tu corazón sabe que "¡Sí, esto está bien!", sólo tú tienes la respuesta.

La respuesta correcta para ti será la que te haga sentir alegre y entusiasta. Mucha gente se siente

"La INTUICIÓN no es
un don excepcional,
DOMINIO de
unos cuantos psíquicos.
Tiene menos que ver con
ADIVINAR el futuro
que CON emprender
más auténticamente
el PRESENTE.
La intuición es siempre operativa,
tan COMÚN que a menudo evade
el RECONOCIMIENTO
consciente."

Joan Borysenko

confundida y se pregunta cómo diferenciar la voz del ego o de la personalidad de la voz intuitiva o guía. En otras ocasiones la gente se preocupa con la pregunta "¿Cómo puedo saber que es mi guía y no mero pensamiento mágico o, peor aún, miedo?"

Los mensajes de tu ego o intelecto tienden a estar basados en pensamientos de escasez, culpa o miedo. Estos mensajes se comunican en forma parecida a: "Debes hacer esto", o "No debes hacer esto otro." No todos tienen un exigente "crítico interior", pero muchos lo tenemos. ¿Das al tuyo el poder de sabotearte y de hacerte dudar de ti mismo? He aprendido a escuchar a mi "juez interior" y a reconocerlo como la voz de mi miedo. En general me comunica que no soy lo suficientemente buena para algo. Trato de escucharlo con compasión sabiendo que es un lado de mí que aún no ha sanado.

SABIDURÍA PRÁCTICA

Una genuina guía interior te dirige en forma amorosa y compasiva. Esta comunicación te hace sentir abierto, cálido, expansivo, reafirmado, equilibrado y lleno de paz. Si el mensaje te confunde y te quedas varado, serénate, espera, ora y medita hasta que percibas una respuesta motivante y amorosa. Un verdadero mensaje de tu guía interior será tanto práctico como sabio. La autora Shakti Gawain lo explica de este modo: "Llegué a un punto de profunda confianza en mi guía interior. Es una sensación inconfundible de gran amor y poder que me atraviesa."

Todos traemos a este mundo nuestros dones, talentos y capacidades únicos. Cada uno es una pieza del rompecabezas que estamos aquí para completar con los demás. Si no haces caso a la guía interior que te informa de continuo tu misión y tu propósito en la vida, no contribuyes cabalmente con tus dones. Es tu unicidad lo que te hace ser quien eres. El rompecabezas no estará completo sin la pieza que tú tienes para ofrecer. Tu corazón es la "verdadera medida" que te indica cuando vas en la dirección correcta y si tomaste las mejores decisiones para tu vida.

Tu intuición proporciona acceso al plan divino que rige tu vida. Cada una de tus experiencias te ayuda a lograr lo que viniste a aprender. A menudo me preguntan: "¿Por qué atravieso por esta dificultad?" Puede resultar difícil comprender qué propósito satisface un reto en particular. A menudo la respuesta se despliega a su tiempo cuando el asunto se resuelve.

> "TODOS SOMOS LÁPICES EN LA MANO DE UN DIOS QUE ESCRIBE Y ENVÍA CARTAS DE AMOR AL MUNDO."
>
> MADRE TERESA

Joanne, estudiante de una de mis clases de intuición, tenía una familia particularmente difícil y poco solidaria. Preguntó a su guía interior: "¿Cuál es la lección de mi vida?" Recibió la siguiente respuesta durante la meditación: "Viniste a aprender a abrir tu corazón. Naciste en esta familia que no sabía cómo amar y no te ofreció tiempo ni guía. Tu tarea era aprender a amar a estas personas a pesar de sus imperfecciones. Al crecer y madurar, has usado las lecciones de amor y compasión para aplicarlas a tu trabajo de consultoría a personas con enfermedades mentales. Tu tarea en esta vida es ver más allá de las imperfecciones y mirar tu alma en busca de potencial y amor."

¿Cómo puede Dios estar presente en ca a uno, guiar nuestro crecimiento, lecciones de vida y propósitos, y darnos respuestas y consuelo? No estoy segura de que sea posible saberlo a partir de nuestra mente racional. Pero decidí que está bien que no pueda averiguarlo. En su lugar, confío en que una inteligencia suprema creó nuestro mundo. Esta Inteligencia nos proporciona un entendimiento superior y dirección a tavés de nuestro innato sistema de orientación interna. Confío en que tomo las decisiones correctas cuando atiendo a mi intuición. Sé que hay una fuerza que opera poderosamente dentro de mí y a mi alrededor y que brilla sobre mi ser. Si confío en ello, sé que no me irá mal.

GUÍA INTERIOR PARA DAR DIRECCIÓN A TU VIDA

Lee todo el ejercicio para que te des una idea del tipo de preguntas. Quizá quieras que un amigo las lea o quizá prefieras grabarlas en una audiocinta con tu propia voz. Por favor, cambia cualquier frase o imagen para que te sientas cómodo. Tu música de meditación favorita resulta excelente como fondo para este ejercicio.

✦

1) Siéntate tranquilamente. Di en voz alta o mentalmente: "Estoy en presencia de Dios", o "Me siento rodeado por amor, sabiduría y consuelo."

✦

2) Respira en la amorosa y protectora sabiduría que es la esencia de Dios.

✦

3) Visualiza una luz brillante que te llena y rodea. Observa cómo se vuelve más fuerte y radiante.

✦

4) Imagina esta luz como una conciencia viva. Contiene la sabiduría que buscas. Fluye a través de cada célula de tu cuerpo. Dale el más hermoso color que puedas imaginar.

✦

5) Imagina que esta luz no sólo llena tu cuerpo sino forma incluso un capullo de seguridad y protección a tu alrededor. Visualiza esta luz conectada a una fuente de amor.

✦

6) Cuando sientas que estás listo, he aquí algunas preguntas que puedes formular a tu guía interior:
¿Cuál es el propósito de mi vida?
¿Qué puedo hacer para desarrollar mi intuición y confiar en ella?
¿Qué puedo hacer para generar más abundancia?
¿Cómo puedo tener más paz y equilibrio en mi vida?
¿Qué puedo hacer para mejorar mi salud?
¿Qué puedo hacer para servir a los demás?
¿Cómo puedo aprender a ser más compasivo conmigo mismo y con los demás?

✦

7) Escribe tus propias preguntas. Pueden tener relación con una relación en particular, la profesión que has elegido o un reto específico al que te estás enfrentando. ¿Sobre qué te gustaría recibir orientación?

....

....

....

....

✦

8) Escribe algo que deseas aquí:

....

....

....

....

✦

9) Pide a tu guía interior: "Me gustaría lograr [este deseo] en mi vida. Por favor, dame orientación sobre cómo lograrlo."

✦

10) Quizá quieras terminar esta meditación visualizando cómo envías la luz a un amigo o pariente o a una persona en situación difícil. Quizá sólo imagines enviarla al mundo para ayudar a restablecer la paz.

"EL HOMBRE ESTÁ HECHO DE FORMA TAL QUE CUANDO ALGO ENCIENDE SU ALMA, LAS IMPOSIBILIDADES SE DESVANECEN."

JEAN DE LA FONTAINE

SOLUCIONES INNOVADORAS

La autora Marsha Sinetar escribe que la gente que desarrolla lo que llama una "Mente siglo XXI" está "cómoda en medio de lo desconocido; escucha su voz interior y confía en su intuición. Visualiza posibilidades creativas y utiliza sus propias soluciones innovadoras en su centro de trabajo, escuela, instituciones religiosas y vida familiar".

La filosofía y práctica que utilizas cuando te conectas con tu "Mente Siglo XXI" puede ser muy diferente de la de otras personas. Pero, en un sentido profundo, no estás solo en la medida en que una mayor conciencia en el universo nos guía. No importa cómo la llames o cómo tengas acceso a ella, cuando te comunicas con esta conciencia a través de tu intuición, te proporciona lo que necesitas para realizar tus sueños y esperanzas. Nadie recorre el mismo camino que otro para despertar a su espíritu. La vida es siempre un reto para que desarrolles nuevos aspectos de ti mismo. Cuando aprendes a escuchar a tu sabiduría interior y a desarrollarla, te relacionas con la vida en formas nuevas.

En la página opuesta hay un ejercicio que llamo "Guía interior para la dirección de la vida". Sugiere un modo para que te conectes con Dios en tu interior. Puedes practicarlo de muchas diferentes maneras. Algunas personas imaginan un hermoso santuario interior al que acuden mentalmente; otros meditan o sólo dicen una oración. El modo como te conectes con y tomes conciencia de la presencia de Dios es tu elección. Cada una sabe cómo proceder.

La intuición es a menudo sutil. Tu guía rara vez te indica que hagas cambios radicales en tu vida sin sugerirte primero cambios sutiles que te lleven en la dirección correcta. Si vas a atravesar una gran transición en tu vida y requieres de tu guía en forma activa, haz tiempo para mantener el equilibrio. Reserva tiempo para meditar, orar, practicar retiros, caminar en la naturaleza o asistir a un servicio religioso. Debes moverte hacia lo que te atraiga y te permita encontrar las respuestas de paz.

Recuerda que Dios te habla diario a través de tu guía interior. Ningún gran logro emocional debe situarse antes de que seas merecedor de esa sabiduría. La voz del Divino es tan intensa como tu disposición a escucharla.

"SOMOS MIEMBROS DE UNA ENORME ORQUESTA CÓSMICA, EN LA QUE CADA INSTRUMENTO VIVO ES ESENCIAL PARA LA COMPLEMENTARIA Y ARMONIOSA INTERPRETACIÓN DE LA PARTITURA."

J. ALLEN BOONE

"SE REQUIERE DE MUCHO VALOR PARA DEJAR IR LO FAMILIAR Y APARENTEMENTE SEGURO Y LANZARSE HACIA LO NUEVO. PERO NO HAY SEGURIDAD EN LO QUE YA NO TIENE SIGNIFICADO. HAY MÁS SEGURIDAD EN LA AVENTURA Y LA EXCITACIÓN; EN EL MOVIMIENTO HAY VIDA Y EN EL CAMBIO, PODER."

MARGARET STORTZ

CUANDO LA INDECISIÓN ATACA

A la mayoría nos encantaría que Dios nos hablara clara y directamente. "¡Oye, Lynn! Sé que estás batallando con una decisión en tu vida. He aquí la respuesta..." Seguido, por supuesto, de las detalladas instrucciones sobre lo que debería y no debería hacerse a fin de tener éxito. En la Biblia, Dios habló a Moisés desde una zarza en llamas. (No sé tú, pero si una zarza en llamas comenzara a gritarme, ¡en definitiva correría en sentido opuesto!) Pero, sinceramente, ¿no anhelas este claro tipo de guía cuando te enfrentas a la indecisión?

EN GRAN MEDIDA, NUESTRA CULTURA MODERNA PROMUEVE LA IMPACIENCIA. La gente quiere respuestas claras y las quiere para ayer. En otras épocas y otras civillizaciones, había más tiempo para el proceso de cambio cuando una persona tenía que hacer elecciones difíciles. La gente entendía que había un tiempo adecuado para las acciones y las decisiones. Si observas la naturaleza, puedes distinguir fácilmente el ritmo de la vida: las mareas del océano, las estaciones del año cuando caen las hojas y brotan nuevas en la primavera.

Tu vida tiene también un ritmo y un fluir. Generalmente experimentas un cambio interior antes de que el cambio exterior comience a manifestarse. Es parte de tu guía interior que hace su trabajo: te sientes aburrido, inquieto o ansioso... las cosas no funcionan tan bien como solían. Son signos enviados por tu guía interior para que tomes nuevas decisiones y hagas nuevas elecciones en tu vida.

La inquietud que experimentas te está diciendo, en efecto, "Ya hiciste este trabajo. ¡Es tiempo de que cambies!" Puedes resistir el impulso; puedes decir: "No quiero cambiar en este preciso instante", o "No es conveniente en este momento." La sensación puede ceder de manera temporal, pero esa corriente subterránea de descontento continuará molestándote hasta que hagas conciencia de ella y digas "Está bien. Llegó el momento".

Una clienta llamó recientemente para decirme que estaba experimentando una profunda indecisión sobre una oferta de trabajo. Su compañía estaba fusionándose con otra y le habían ofrecido la presidencia de la nueva corporación que estaba integrándose. Dijo: "Todo el mundo me dice que debo aceptar. Es el siguiente paso obvio en mi carrera. Sé que tengo las habilidades para desempeñar este empleo, y sin embargo no me siento entusiasmada con la idea."

Se inclinaba a aceptar la nueva posición porque no tenía idea de qué otra cosa haría. Hablamos un rato sobre lo que le entusiasmaba e hizo una larga lista de cosas que la hacían sentir pasión y entusiasmo. Sus intereses no apuntaban en la dirección de un gran cambio profesional; claramente sugerían que sus deseos no serían satisfechos con la actual oferta de trabajo. En el curso de la conversación la indecisión que sentía se modificó: de "Debería aceptar esta oferta" a "Hay cosas de mi trabajo que verdaderamente me interesan y entusiasman.

Mi nueva tarea consiste en averiguar qué pasos son necesarios para crear una nueva oportunidad laboral que me permita hacer todas estas cosas que me gustan ¡y que me paguen por ello!"

El autor Richard Carlson dice: "La clave para tener éxito suena simplista porque es muy simple: sólo comienza. Da un solo paso, seguido de otro y luego de otro. No mires muy adelante en el futuro y tampoco mires demasiado hacia atrás."

MÁS ALLÁ DE LA ZONA DE COMODIDAD

Una vez que hayas reconocido que estás listo para algo nuevo, quieres que ocurra de inmediato. Quieres que de la noche a la mañana aparezca el nuevo empleo, la nueva casa o una nueva relación. En ocasiones funciona así. Más a menudo tienes que hacer un poco de "esfuerzo" en el proceso. Tienes que decidir lo que quieres, creer que hay una guía disponible para ayudarte a conseguirlo y comenzar a dar pequeños pasos hacia tu sueño. Sin duda, exige bastante valor moverse en esta nueva dirección. Creo que Dios te da sueños y esperanzas a gran escala para que tengas el modo de crecer.

"DECIR SÍ Y NO DESARROLLA CONFIANZA CLARAMENTE Y NOS LIBERA DEL PREJUICIO DE QUE ESTAMOS INDEFENSOS."

MARSHA SINETAR

> "TODO LO QUE EMPRENDAS SALDRÁ BIEN, Y POR TUS CAMINOS BRILLARÁ LA LUZ."
>
> JOB 22:28

Puede ser que te sientas incómodo al atravesar esta transición. Es normal que le ocurra a todo aquel que se sale de su zona de comodidad, de lo familiar y conocido. Conoces el viejo refrán que dice "Más vale malo por conocido que bueno por conocer". Esa idea ha mantenido a más gente atorada en una ruta conteniendo su vida que cualquier otro. El conferenciante motivacional Anthony Robbins se refiere a esto cuando dice: "Concéntrate en el lugar al que quieres ir, no en lo que temes."

Tu intuición es un sistema de orientación integrado que te dirige hacia lo que te hace feliz: saca lo mejor de ti y te ayuda a aprender lo que viniste a dominar. En ocasiones nos atoramos con dilaciones y pareciera que no podemos avanzar. Esto se debe a que primero tienes que descubrir lo que te hace feliz.

LIBERÁNDOTE DE VIEJAS CREENCIAS

¿Cómo puedes confiar en esta guía que recibes? Uno de los principales lamentos que escucho en mis clases de intuición es "¡Siento como si estuviera inventando esto!" Mi explicación es que la voz de tu guía interior, o intuición, te llega del mismo modo que tu imaginación: a través de pensamientos, imágenes, impresiones fugaces y cosas por el estilo. La solución que ofrezco es que des unos cuantos pasos preliminares hacia la respuesta que recibas. Si en un tiempo tu situación de vida mejora (son más felices tus relaciones, te sientes más contento y comienzan a abrírsete oportunidades), sabrás que estás en el camino correcto.

La indecisión y el conflicto que experimentas son a menudo la forma en que el universo te hace saber que necesitas liberarte de creencias que ya no te sirven para tu desarrollo personal o espiritual. Cuando eliges no hacer un cambio como resultado de estos impulsos interiores, tu intuición exacerba las cosas. Comienzas a sentirte incómodo.

El cambio es inevitable en nuestra vida. Puedes reconocer que es hora de cambiar y atender el llamado avanzando graciosamente hacia la siguiente fase de tu vida. También puedes aferrarte y gritar a Dios: "¡Me quedo donde estoy, muchas gracias!" Si en efecto has terminado un ciclo de vida, puedes estar seguro de que tu intuición continuará enviándote mensajes de que es necesario un cambio. Hay momentos críticos en tu existencia en que el camino más fácil es comprender que es necesario ese cambio. En ese momento necesitas escuchar a tu guía interior para recuperar la paz.

Cada decisión importante supone que entres a un nuevo ciclo de transformación, que puede requerir

> "SI ESCUCHÁRAMOS A NUESTRO INTELECTO, NUNCA TENDRÍAMOS UN AMORÍO, UNA AMISTAD, NUNCA EMPRENDERÍAMOS UN NEGOCIO, PORQUE TENDRÍAMOS QUE SER CÍNICOS PARA HACERLO. TONTERÍAS. TIENES QUE AVENTARTE DESDE LAS ALTURAS Y CONSTRUIRTE ALAS MIENTRAS VAS EN CAÍDA LIBRE."
>
> RAY BRADBURY

ELEGIR EL CAMINO CORRECTO

1) ¿Cuál es la decisión que estás tratando de tomar? Descríbela aquí:

....

....

....

....

....

✦

2) Describe la opción 1:

....

....

....

....

Describe la opción 2:

....

....

....

....

✦

3) Siéntate en un lugar tranquilo. Crea una atmósfera relajada. Enciende una vela y pon música relajante. Quizá quieras sostener un objeto que tenga algún significado espiritual para ti; podría ser una cruz, un rosario, una hermosa piedra o incluso una fotografía de alguien a quien respetas y admiras. Cierra los ojos. Si no tienes práctica en meditación, sólo observa tus pensamientos y tu lenta y profunda respiración.

✦

4) Trae la opción 1 a tu mente. Pausa. Luego pregunta, ¿a dónde podría llevarme esta decisión?

✦

5) Trae la opción 2 a tu mente. Pausa. Luego pregunta, ¿a dónde podría llevarme esta decisión?
(Puedes continuar de este modo si tienes más de dos opciones.)

✦

6) Pon atención a lo que estás sintiendo, experimentando y viendo. Es tu guía, orientándote. ¿Supone alguna de las opciones más energía que la otra? ¿Cuál opción parece más ligera o pesada? ¿Escuchas una voz interior ofreciéndote un mensaje compasivo sobre tu decisión?

✦

Si después de hacer este ejercicio sigues sin tener claro qué hacer o dificultades para decidirte, en general es mejor esperar. En ocasiones esperar y ser paciente es todo lo que se necesita. Puedes sentirte compelido a dar unos cuantos pasos.

Sin embargo, si sigues encontrando demasiadas "puertas cerradas" o te sientes exhausto o muy ansioso con la elección que hiciste, es importante que te detengas. Ve si puedes encontrar un lugar dentro de ti que te haga sentir en paz o feliz y trata de ir hacia donde el sentimiento te dirige. Sobre todas las cosas, quieres que tu elección proporcione a tu vida más equilibrio, no más caos ni problemas.

"LA MAYOR TENTACIÓN HUMANA ES CONFORMARSE CON DEMASIADO POCO."

THOMAS MERTON

de nuevas creencias, un camino espiritual diferente, una nueva profesión, el inicio o fin de una relación. Puede suponer alejarse de gente y lugares conocidos y mudarse a otra etapa de vida.

No permitas que la duda y el miedo guíen tu vida y tus decisiones. Acepta la incertidumbre, la ansiedad, incluso el miedo, como tus compañeros en el camino del cambio. Lo has hecho hasta ahora. Estás aprendiendo nuevas habilidades al confiar en tu guía interior y tomar decisiones que te permiten elegir lo que te hace sentir vivo, entusiasta y no desgastado por el miedo y la frustración. Shakespeare lo dijo así: "Nuestras dudas son traidores y nos hacen perder lo bueno que podríamos lograr, por temer el intento." ¿Quieres que sean tus sueños lo que se haga realidad, o tus dudas? Ten valor y sé amable contigo mismo al elegir el camino por el que te dirige Dios a través de tu intuición.

TE ESPERAN COSAS MARAVILLOSAS

Cuando decides emprender una acción de acuerdo con tu guía intuitiva, puedes atraer gran resistencia. Tus amigos y colegas pueden pensar que estás loco por no aceptar esa promoción laboral o por vender tu casa para poder emprender una nueva profesión. Sabes que confías en tu guía y que te esperan cosas maravillosas. Todos los demás piensan que deberías ir con un loquero. En la película *Oh God!*, Dios (George Burns) reconoce al personaje interpretado por John Denver y le agradece por llevar Su mensaje al mundo. Denver responde: "Sabes, todos creen que estoy loco." Dios responde después de una breve pausa: "Galileo, Colón, Tomás Edison... ¡estás en buena compañía!"

Melody Beattie escribe, en *The Language of Letting Go*: "Cuando te preguntas qué sigue, responde que lo mejor, lo mejor que la vida y el amor pueden ofrecerte, lo mejor que Dios y Su universo pueden enviarte. Luego abre las manos y recíbelo. Es tuyo." Tu intuición estará siempre allí facilitando tus pasos por la vida. Conforme aprendas a entrar en contacto con ella y a actuar de acuerdo con su sabiduría, encontrarás que tus miedos desaparecen y avanzarás con confianza en todo lo que te propongas.

"CRÉELO: ES POSIBLE RESOLVER TU PROBLEMA. OCURREN COSAS FANTÁSTICAS AL CREYENTE. DE MODO QUE CREE QUE LA RESPUESTA LLEGARÁ."

NORMAN VINCENT PEALE

« DEJA QUE UN HOMBRE CAMBIE RADICALMENTE SUS IDEAS Y QUEDARÁ SORPRENDIDO DE LA RÁPIDA TRANSFORMACIÓN QUE ESTO OPERA EN LAS CONDICIONES MATERIALES DE SU VIDA. »

JAMES ALLEN

ELEGIR "LOS PENSAMIENTOS DIVINOS"

Ahora sabes que el poder de tu mente para imaginar el éxito es una llave para crear una vida que te guste. Practico observar y escuchar mis pensamientos porque sé que mi actitud hace una diferencia en mi vida. "Los pensamientos que están en la mente producen resultados parecidos", dice un dicho familiar a muchos estadounidenses.

¿TE LEVANTASTE DEL LADO EQUIVOCADO DE LA CAMA? Tu día comenzó mal y se puso peor. ¿Te has parado alguna de esas espantosas mañanas y has escuchado lo que te dices a ti mismo? Así resonaba mi cabeza una de esas mañanas la semana pasada: "No puedo escribir. Nunca terminaré este libro. Debería renunciar a hacerlo. Mi amiga Cheryl puede escribir pero yo no. Nada me sale. ¿Y si al editor no le gusta mi libro? ¿Y si lo hace pedazos?"Ya me entendiste. (Gr, gr, gr. Puras patrañas.) *No* era el comienzo de un buen día.

He descubierto que si dejo que mi mente se quede mucho tiempo en ese estado puedo llevarlo a cuestas todo el día. Cuando estoy así es como si me estuviera hundiendo en un gran pozo. Si puedo romper este patrón de pensamiento después de unos cuantos minutos, en general salgo de allí. Si sigo insistiendo en esos pensamientos negativos por horas, bueno, sólo una buena noche de sueño me saca de ese pozo.

Los pensamientos están vivos. Tienen energía. En aquello en lo que estés pensando constantemente se convertirá en tu experiencia habitual en la vida. El filósofo Soren Kierkegaard escribió: "Nuestra vida expresa siempre el resultado de nuestros pensamientos dominantes." Si tus pensamientos están llenos de dudas, miedo, ira o cualquier otra

"UN HOMBRE PARALIZADO
DECÍA A UN ENTREVISTADOR
QUE ÉL HABÍA SIDO ENTRENADO
PARA SER ATLETA DE NIVEL MUNDIAL
ANTES DE SU ACCIDENTE.
EL ENTREVISTADOR LE PREGUNTÓ
SI SU DISCAPACIDAD
NO HABÍA TEÑIDO SU VIDA.
'SÍ',
FUE LA RÁPIDA RESPUESTA,
"PERO YO ELEGÍ
LOS MATICES'."

GLORIA KARPINSKY

emoción negativa, es a eso a lo que estás poniendo atención y, en consecuencia, lo que estás provocando como experiencia.

Practico observar y escuchar mis pensamientos. Sé que mi actitud hace una enorme diferencia en mi vida. Trato de transformar mis pensamientos en "pensamientos divinos". Estoy perfectamente consciente de que suena un poco simplista. "¿Qué es un pensamiento divino?", preguntas. Un pensamiento divino es la actitud más compasiva y amorosa que puedo manejar en mi situación actual, una manera de conectarme con mi guía interior a fin de transformar mi actitud.

¿HAY ALGÚN OTRO MODO?

Prueba lo siguiente la próxima ocasión que comiences a ponerte de mal humor. Tómate cinco minutos para sentarte serenamente. Inhala profundo e imagina que estás lleno de y rodeado por el amor de Dios. Trae a la mente lo que te está molestando y pregunta directamente: "¿Hay algún otro modo de ver esto que me haga sentir mejor?" Abre mente y corazón y espera la respuesta. A menudo el solo hecho de formular la pregunta produce el cambio de conciencia que necesitas.

Cada mañana despierto y pienso en lo que tengo que hacer ese día. Imagino que todo sale bien y me veo logrando mis metas, serena, feliz y concentrada. Visualizo una luz curativa a mi alrededor y alrededor de toda la gente y las situaciones con las que estaré en contacto. En silencio, pido a mi guía interior que esté disponible a todo lo largo del día mientras cumplo con mis tareas. Pido ayuda para recordar sintonizarme con esta sabiduría siempre que me sienta confundida, cansada o harta. Tu guía interior está disponible en todo momento a lo largo del día.

ELECCIONES DE VIDA

Me doy cuenta de que puedo elegir ser una buena o una mala madre. Cada vez que ocurre algo negativo o difícil, puedo elegir ser una víctima o aprender de ello. La vida es un asunto de elecciones. Si lo ponemos en los términos más depurados, cada situación es una elección. Eliges cómo reaccionar frente a cada situación. Eliges cómo los demás afectan tu humor. Cuando te encuentras a punto de

"GRAN PARTE DEL LLAMADO 'PENSAMIENTO POSITIVO' NO ES SINO ALGO MÁS QUE PENSAMIENTO MÁGICO DANDO VOZ A UN MONTÓN ETERNO DE PALABRAS EN LAS QUE REALMENTE NO CREES. SE TRATA DE SINCRONIZAR TU YO MENTALMENTE CON EL FLUJO DEL INFINITO. LO IDEAL, POR SUPUESTO, ES TENER EL TIPO DE PENSAMIENTOS QUE CONDUCEN AL TIPO DE CONDICIONES QUE QUIERES VER MANIFIESTAS EN TU VIDA."

ERIC BUTTERWORTH

caer en un estado de ánimo negativo, aprende a darte cuenta y a reconocer que puedes elegir el modo como percibes a una persona o situación.

The Course in Miracles tiene una afirmación muy simple y sin embargo muy poderosa: "Pude elegir estar en paz en lugar de esto." A menudo la empleo como mantra afirmativo para recordarme que los pensamientos negativos que están danzando en mi cabeza son de mi propia autoría. No son pensamientos divinos. Al usar esa afirmación, pido en silencio a Dios que me ayude a cambiar lo que pienso por algo más amoroso, esperanzado y desprejuiciado. Utiliza cualquier oración, mantra o visualización que te reconecte con tu yo interno. En ocasiones, sólo requiere de unos minutos de poner atención consciente y luego puedo comenzar a concentrarme en el modo como quiero sentir y lo que quiero hacer con mi vida.

"...TODO CUANTO HAY DE VERDADERO, NOBLE, JUSTO, PURO, AMABLE... TODO ESO TENEDLO EN CUENTA."

FILIPENSES 4:8

¿CÓMO PUEDO HALLAR PAZ?

Prueba lo siguiente la próxima vez que te encuentres en una circunstancia enfadosa:

✦

1) Siéntate tranquilamente y concéntrate en tu respiración por unos minutos, o usa cualquier otra técnica que te permita serenarte.

✦

2) Trae a la mente la situación que te resulta enfadosa.

✦

3) Reconoce que tu meta es experimentar la paz y la calma respecto a esta situación. Tu tarea es encontrar un enfoque amoroso y compasivo para la solución del conflicto que estás enfrentando.

✦

4) Imagina estar lleno de y rodeado por una luz de energía curativa. Pide a Dios que esté presente en cualquier forma que te convenga. Mantén este pensamiento e imagen durante unos minutos.

✦

5) Formula la pregunta: "¿Cómo puedo hallar paz en esta situación?" Luego descansa tranquilamente, confía y escucha. Si tu mente se distrae con otras cosas, sólo repite la pregunta: "¿Cómo puedo hallar paz en esta situación?" Y vuelve a escuchar. A través de tus oraciones, aparecerá la respuesta.

✦

6) El siguiente paso es preguntar: "¿Hay alguna acción que deba emprender ahora mismo respecto a esta situación?" Escucha y repite la pregunta si es necesario, como en el paso 5.

✦

7) Entiende que quizá no siempre recibas una respuesta en forma inmediata. Si estás molesto e inquieto por la situación por la que estás orando, puede ser que tu mente no esté lo suficientemente en calma para que en efecto recibas la respuesta de Dios. Confía en que la respuesta emergerá a lo largo del día siguiente. Puede llegar como un sueño, un cambio de percepción acerca de tu problema, una conversación con un amigo o algo que te sientes impulsado a leer. O puede llegarte como algo totalmente terminado.

Mary Manin Morrissey nos recuerda: "Mantén una atención positiva hacia el 'pensamiento divino'. Cuando estés atorado en el tránsito, cuando los niños se pelean o tu pareja parezca desapegada, ¿qué ocurre a tus pensamiento? En épocas de frustración y desánimo, nuestros pensamientos pueden convertirse

"SOMOS CO-CREADORES, CON DIOS, NO MUÑECOS EN UNA CUERDA ESPERANDO QUE ALGO OCURRA."

PADRE LEO BOOTH

en autocompasión. Mantente en tu intención recordando a Dios. Recuerda que nadie puede robarte una vida maravillosa sin tu consentimiento."

Las crisis y las catástrofes seguirán ocurriendo. Tu relación con Dios es una fuente que puede ayudarte a sobrevivir la desgracia. ¿Qué elecciones haces para salir del sufrimiento? Cada dificultad que enfrentas te presenta una oportunidad de decidir cómo responder. Tu guía, a través de tu intuición, puede ayudarte a hacerte consciente de más posibles elecciones y fuentes curativas.

Creo que el plan divino es que continuemos eligiendo el amor, el perdón y la compasión en todas y cada una de las situaciones que enfrentamos. Cuando aprendes a elegir conscientemente, eliminar de tu mente el miedo, la victimización y la condena y a sintonizarte con el amor, la esperanza y el optimismo, estás a punto de una transformación extraordinaria. Estás aquí para aprender a amar y a ser amado, y muchas de tus lecciones en la vida te ayudarán a elegir de forma correcta.

Cuando te enfrentas a una situación que parece abrumadora, puedes consumirte fácilmente en pensamientos de desesperanza y desesperación. No sabes qué hacer. No puedes imaginar que volverás a sentirte bien. No ves una forma de recuperar el control y te sientes deprimido y paralizado. En ocasiones como éstas, recuerda que tu guía interior está conectada a la gran fuente de sabiduría. Tu conexión con Dios a través de tu intuición puede proporcionarte nuevas formas de pensar, recursos para ayudarte e inspiración que te dirija. Orar es la manera de hablar con Dios. Pide que cambie tus pensamientos y sentimientos y te asombrarán las oportunidades que se te abren.

LA PRESENCIA DE DIOS

Wayne Dyer ofrece este enfoque de la oración: "Me centro en mí mismo y vacío mi mente y comienzo a sentir el amor que está allí cuando me sereno lo suficiente para sentirlo. Al hacerlo trasciendo mi tiempo y espacio y estoy en la presencia misma de Dios." La próxima vez que estés buscando un modo de resolver una situación dolorosa, prueba su enfoque: encuentra un "pensamiento divino" siempre que atravieses por épocas difíciles. Comenzarás a hacerlo automáticamente en las situacions cotidianas y te encontrarás en vías de descubrir una vida más llena de paz, contento y abundancia.

"LA MISMA FUERZA VITAL
QUE HACE SURGIR UN ROBLE
DE UNA BELLOTA,
UNA MONTAÑA DEL NÚCLEO
FUNDIDO DE LA TIERRA,
UN ARROYO DEL DESHIELO
PRIMAVERAL, UN NIÑO
DE UN ÓVULO Y UN
ESPERMATOZOIDE, UNA IDEA
DE LA MENTE, ESTÁ
PRESENTE EN TODAS LAS
COSAS, LOS PENSAMIENTOS Y
LAS EXPERIENCIAS.
NO HAY LUGAR EN QUE
DIOS NO EXISTA."

JOAN BORYSENKO

GUÍA DIVINA PARA LA VIDA COTIDIANA

He oído a muchos clientes hablar de querer "recuperar su espiritualidad". El comentario siempre me sorprende porque creo que nuestra verdadera tarea es encontrar y favorecer la espiritualidad en nuestra vida cotidiana. No pierdes tu espiritualidad de la noche a la mañana. No te despiertas un día y descubres: "¡Vaya! ¡He perdido mi camino espiritual y no puedo encontrarlo!"

MÁS BIEN, PROBABLEMENTE HAS IDO HACIENDO UNA SERIE DE PEQUEÑAS ELECCIONES que te alejaron de Dios. Has olvidado escuchar los avisos y murmullos de tu intuición divina.

Sabes lo que se siente cuando estás espiritualmente desconectado porque te despiertas irritado, experimentas una creciente sensación de intranquilidad, tus pensamientos se concentran demasiado fácilmente en todo lo que no funciona. Hay muchos síntomas. El autor Hugh Prather escribe: "El secreto para encontrar a Dios radica en comprender que no hay un gran logro espiritual que lo precede. Cualquiera que quiera sentir la presencia de Dios, la sentirá."

TU CAMINO ESPIRITUAL

A menudo atribuimos conciencia espiritual a los líderes religiosos: monjas y monjes de claustro, ministros de culto, sacerdotes y rabinos. Pero son seres humanos, exactamente igual que nosotros. Sólo han elegido su propio camino a la iluminación espiritual y su elección de profesión lo refleja.

"SÓLO PREGUNTAN '¿QUÉ HAY DE MALO?'
DE MODO QUE PREGUNTAR,
'¿QUÉ HAY DE BUENO?
¿QUÉ NO ESTÁ MAL?'
ES UN BUEN COMIENZO.
AL PREGUNTAR DE ESTE MODO
Y PONER ATENCIÓN
A ESTOS NUEVOS ELEMENTOS
QUE SON CURATIVOS Y RENOVADORES,
SOMOS CAPACES DE CURARNOS,
DE CRECER Y DE GENERAR
REGOCIJO Y FELICIDAD."

THICH NHAT HANH

¿Qué hay con los demás, madres y padres, clérigos, estilistas, negociantes, maestros y demás?

¿Qué significa la espiritualidad? Para muchos, significa una religión, ir a la iglesia o templo cada semana. Para otros, puede invocar la noción de Dios sentado en un trono en medio de las nubes en espera del Juicio Final. Elijo pensar la espiritualidad como una sociedad que cuenta con una sabiduría universal a la que llamo Dios. Un gran diseño, el mayor propósito para esta vida reside en esta sabiduría que siento fluir a través de mí y a mi alrededor. Confío lo bastante en esta sabiduría para permitir que me guíe. Esta guía me informa, a través de mi intuición, y me muestra el camino para encontrar mi verdadero hogar.

Recientemente vi una calcomanía que decía: "¿No te sientes cerca de Dios? ¿Quién te alejó?" Así, ¿cómo recuperas tu camino cuando sientes que pierdes tu espiritualidad? He descubierto que escribir en mi diario es una manera maravillosa de recordarme lo que es importante en mi vida. Mientras escribo, pido sabiduría en el más profundo silencio.

En esta sección hay algunas preguntas que pueden ayudarte a recuperar tu camino espiritual. Los pensamientos y sentimientos que vengan a tu mente mientras escribes las respuestas son uno de los modos en que Dios te habla. Al escribir las respuestas a las siguientes preguntas, puedes sentir un conocimiento profundo que emerge en tu interior. Puede llegarte en imágenes, como un sentimiento, o como palabras que surgen espontáneamente. Como sea que las recibas, escríbelas.

TU GUÍA ESTÁ SIEMPRE DISPONIBLE

Recibes orientación en sueños, avisos, sentimientos y repentinos relámpagos de intuición. Lleva una libreta contigo. Escribe cualquier impulso interior que aparezca como murmullo desde tu alma. Pon atención a cualquier indicación que recibas que te haga sentir entusiasta, excitado o feliz. Sigue escribiendo todos los pasos que puedas dar para honrar esta guía. Confía en que Dios te proporciona los recursos para ayudarte a seguir a tu guía. Tu intuición es tu brújula. Cuando aprendes a confiar en este impulso interno, dejas atrás la indecisión. Te guía sin desviaciones por el camino correcto hacia tu felicidad y satisfacción.

Quizás has oído hablar del movimiento conocido por las iniciales WWJD en los Estados Unidos. Quieren decir "What Would Jesus Do?" [¿Qué haría Jesús?]. Hay otro grupo llamado el WWBD, que significa "What Would Buddha Do?" [¿Qué haría Buda?]. Existen probablemente tantas asociaciones de este tipo como líderes espirituales. Independientemente de cuáles sean tus creencias religiosas, decídete a creer que una fuente de sabiduría está presente en tu vida cotidiana para guiarte.

¡SÓLO PREGUNTA!

Comienza cada día preguntando a Dios, dentro de ti: "¿Qué quieres que haga hoy?" Tu guía puede animarte a llamar a un amigo en desgracia, resolver una disputa, comenzar a trabajar para lograr tus

DESCUBRE TU ESPIRITUALIDAD

1) ¿Cómo defino "espiritualidad"?

✦

2) ¿Cómo sé que estoy siguiendo las indicaciones de mi intuición?

✦

3) ¿Cuál creo que es mi propósito en esta vida?

✦

4) ¿Cuáles son mis dones, capacidades y habilidades únicas?

✦

5) ¿Qué me hace feliz y me llena de entusiasmo?

✦

6) ¿Qué he logrado que me hace sentir bien?

✦

7) ¿Qué me gusta de mí mismo?

✦

8) ¿Qué funciona en mi vida?

✦

9) ¿Qué es lo que no funciona?

✦

10) Me encantaría...

✦

11) Deseo...

✦

12) Mi intuición me dice constantemente que...

✦

13) Cuando ignoré mi intuición en el pasado, yo...

✦

14) ¿Qué pasos debería dar para que Dios orientara mi vida?

"CUANDO ME PARE DELANTE DE DIOS AL FINAL DE MI VIDA, ESPERO QUE NO HAYA DEJADO SIN USAR NI UNA PIZCA DE TALENTO Y PUEDA DECIR: 'UTILICÉ TODO LO QUE ME DISTE' ".

ERMA BOMBECK

sueños y esperanzas, perdonar a un enemigo o curar una herida que pudiste haber causado. Cuando pides y recibes la guía de Dios, puedes contar con una respuesta distinta para el reto que enfrentas. Encontrarás que el solo hecho de revisar diariamente tu guía interior obra milagros curativos en tu vida.

Una forma de desarrollarla es practicando. No esperarías ser un concertista de piano la primera vez que te sientas a tocarlo, ¿verdad? Tal vez te reirías de cualquiera que esperara estar listo para las Olimpiadas la primera vez que practica un deporte. Sin embargo, muchos esperan recibir una depurada y prístina sabiduría luego de descuidar por años a su guía interior.

Desarrollar tu capacidad para escuchar los mensajes de Dios requiere de práctica. Una de las principales formas es sencillamente pedir orientación durante el día. Cuando comiences a revisar tu intuición regularmente, encontrarás respuestas a preguntas del tipo "¿Cómo debería manejar esta situación?" "¿Debería hacer esto o esto otro?" "¿Es el mejor momento para que avance en este proyecto?" "¿Cómo puedo ayudar a mi hijo en esta situación?" Al seguir pidiendo orientación, estarás ejercitando tu "músculo intuitivo". Conforme practicas, recibes pronta respuesta a tus preguntas, lo que te lleva firme en dirección de tus sueños y esperanzas.

Sam Keen escribe: "Nada conforma nuestras jornadas por la vida tanto como las preguntas que hacemos." Cuando buscas guía divina, la calidad de tus preguntas determina la calidad de tus respuestas. Supón que tienes una pregunta sobre tu profesión y la formulas: "¿Qué empleo debería tomar para hacer más dinero?" Compárala con: "¿Cómo puedo servir a los demás haciendo lo que me gusta y allegándome recursos económicos?" Otro ejemplo es: "¿Por qué me enfermo constantemente?" Compárala con: "¿Qué podría hacer para recuperar mi salud y mi resistencia?" Uno más: "¿Qué me pasa?", comparada con: "¿Qué pasos podría dar para

"NO ESCONDAS TUS TALENTOS. FUERON HECHOS PARA USARSE. ¿QUÉ ES UN RELOJ DE SOL EN LA SOMBRA?"

BEN FRANKLIN

"QUE BIEN ME SÉ LOS PENSAMIENTOS QUE PIENSO SOBRE VOSOTROS. PENSAMIENTOS DE FE, Y NO DE DESGRACIA, DE DAROS UN PORVENIR DE ESPERANZA."

JEREMÍAS 29:11

ser más feliz?" ¿Ves la diferencia en la intención de las preguntas reformuladas?

En tu estado ideal eres amable, compasivo y amoroso, y empleas tus habilidades y capacidades para estar al servicio del mundo. Cuando estás contento, satisfecho y apasionado por tu vida, estás viviendo con propósito. Encuentras poder al pedir ayuda a Dios cuando te has salido del camino: "¿Hay una diferente manera de percibir esta situación?" Cuando haces esta pregunta a tu guía interior, estás pidiendo al Universo que te muestre una forma más amorosa y sabia de mirar las cosas. Estás sintonizándote con Dios para mantenerte en tu camino.

EL UNIVERSO ESTÁ DE TU LADO

A menudo me preguntan cómo diferenciar entre la intuición y los mensajes que provienen de tu ego o de tu intelecto. En ocasiones la pregunta es formulada como sigue: "¿Cómo puedo saber cuál es la diferencia entre mis temores, o incluso pensamiento mágico, y mi intuición?" Los mensajes de tu sabiduría interior son generalmente reafirmantes, amorosos y contienen orientación que te hace sentir tranquilo, en paz y confiado. Los mensajes de tu intelecto están basados en pensamientos de pérdida, ira, culpa o necesidad de protegerte. Si no estás seguro, busca un lugar tranquilo dentro de ti mismo, escucha, ora y espera hasta que sientas una respuesta que sea reafirmadora y amorosa. Dice un dicho que cuando oras no cambias a Dios, pero Dios te cambia a ti.

Me encanta esta oración que Benjamin Franklin pronunciaba a diario. Contiene un potente mensaje:

> *Oh poderosa bondad, Padre generoso, piadosa guía, incrementa en mí esa sabiduría que descubre mis verdaderos intereses. Fortalece mi resolución para realizar aquello que dicta la sensatez. Padre de luz y vida, tú, bien supremo, enséñame lo que es bueno. Enséñame a amarte. Libérame de la locura, la vanidad, el vicio, de todos los bajos propósitos. Llena mi alma de conocimiento, paz consciente, virtud pura, perseverancia sagrada, sustancial y nunca menguante.*

Cuando comienzas a escuchar a tu intuición realmente y a actuar de acuerdo con ella en lugar de aferrarte a tu antigua vida, te descubres avanzando hacia la satisfacción de tus sueños. El Universo está de tu lado. Richard Bach escribe: "En el camino de tu felicidad encontrarás el aprendizaje por el que has elegido esta vida." Sigue mirando hacia el centro de tu ser y sabe que la guía que escuchas te dirigirá hacia el propósito y el significado verdaderos de tu vida.

"ESTO APRENDÍ,
AL MENOS,
A TRAVÉS DE MI
EXPERIMENTO:
QUE SI UNO AVANZA
CONFIADAMENTE
EN DIRECCIÓN DE
SUS SUEÑOS Y DEBERES
PARA VIVIR LA VIDA
QUE HA IMAGINADO,
ENCONTRARÁ UN ÉXITO
INESPERADO EN
LAS HORAS DE VIGILIA."

HENRY DAVID THOREAU

¿A DÓNDE VAS A PARTIR DE AQUÍ?

Cuando atiendes los murmullos de tu alma y das pequeños pasos en esa dirección, emerge un nuevo sueño. Tienes acceso al don de la intuición divina que te guía hacia la realización de ese sueño. Cada vez que pides orientación y actúas de acuerdo con la sabiduría que recibes, sintonizas tu mente con la mente de Dios; te apegas a una corriente de orientación consciente que es intuición divina.

CUENTAS CON UN NÚMERO LIMITADO DE DÍAS Y DE AÑOS (AL MENOS EN ESTA VIDA) y te esfuerzas tanto como puedes. Haces elecciones y sacas provecho de lo que tienes en esta vida. El reto es desarrollar al máximo tus capacidades. Mi deseo es que descubras el río de sabiduría, amor, compasión y guía que fluye a través de ti y a tu alrededor, que te adentres en sus ricas profundidades en busca de intuición y dirección a cada momento y que encuentres el corazón de lo que estás buscando.

Anne Frank escribe: "Todos tenemos dentro buenas noticias: ¡no sabemos lo grandes que podemos ser!, ¡lo mucho que podemos amar!, ¡todo lo que podemos realizar!, ¡y cuán grande es nuestro potencial!" Independientemente de hasta dónde te haya llevado la vida hasta ahora, tienes la oportunidad de encontrar placer, alegría, amor y propósito. Danza y ríe. Asume algunos riesgos. Prueba cosas nuevas. Entiende que las decepciones y retos que pueden presentarse en tu camino están allí para ayudarte y guiarte hacia una vida más llena y rica.

“EL ERROR FATAL

ES **ESPERAR** A QUE

LAS CIRCUNSTANCIAS DE LA VIDA

SEAN LAS **CORRECTAS**

PARA COMENZAR.

SENCILLAMENTE

COMIENZA CON TODO TU CORAZÓN,

MIRA **PROFUNDAMENTE**

EN ÉL Y CONFÍA EN LO QUE SIENTES.

PRACTICA **SABER** Y

SABRÁS.”

HUGH PRATHER

"ALGÚN DÍA, DESPUÉS DE DOMINAR LOS VIENTOS, LAS OLAS, LAS MAREAS Y LA GRAVEDAD, RECIBIREMOS DE DIOS LAS ENERGÍAS DEL AMOR Y, ENTONCES, POR SEGUNDA VEZ EN LA HISTORIA DEL MUNDO, EL HOMBRE DESCUBRIRÁ EL FUEGO."

PIERRE TEILHARD DE CHARDIN

UNA VIDA A TU GUSTO

He aquí los factores clave para crear una vida a tu gusto:

1. Identifica tu sueño Muy dentro de ti tienes una visión. Algunos la llaman propósito, misión, destino o llamado de Dios. Como sea, te sientes inquieto e insatisfecho hasta que lo aclaras y tratas de realizarlo. Es la pieza del rompecabezas con la que viniste a contribuir. ¿Qué te apasiona? ¿En qué pasas las horas soñando despierto? ¿Qué te resulta divertido? Son éstos los componentes de tu sueño.

Muchos de mis clientes renuncian a sus deseos porque de inmediato comienzan a pensar que son imposibles de alcanzar. Tengo que pedirte algo: comienza a soñar en este mismo instante. No te limites tratando de averiguar cómo lograrás este sueño. Eso te frenaría por completo. El gurú Bhagwan Shree Rajneesh amonestó en una ocasión a sus seguidores diciéndoles: "Sean realistas. Planeen un milagro." Atiende su consejo. Tu vida puede consistir en hacer realidad tu sueño.

2. Visualiza tu éxito Captura la esencia de lo que quieres como una imagen o una serie de imágenes en el ojo de la mente. Cierra los ojos e imagina vívidamente el sueño que quieres alcanzar. ¿Quién está contigo en esa imagen? ¿Qué llevas puesto? ¿Cómo te sientes? Nota todos los colores, imágenes y sonidos que te rodean. Llena tu imagen de emoción. ¿Estás entusiasmado?, ¿apasionado?, ¿lleno de energía? Escribe sobre tu sueño en tu diario.

3. Avanza en dirección de tu sueño Toma la decisión de hacer al menos una cosa cada día que te acerque a tu meta. No tiene que ser un gran paso. Pregúntate: "¿Qué me entusiasma hoy que me ayudará a alcanzar mi meta?" Se trata de tu intuición animándote y previniéndote. Te proporciona la información sobre los siguientes pasos y crea un camino firme y seguro para que logres tu sueño. Thomas Carlyle dice: "Nuestro principal negocio es no ver lo que reside tenuemente a la distancia sino hacer lo que está claramente a mano." Confía en ti mismo, ten valor, diviértete y haz lo que tengas que hacer cada día.

"NO SÉ LO QUE ESTE PODER ES. LO ÚNICO QUE SÉ ES QUE EXISTE... Y SE VUELVE DISPONIBLE SÓLO CUANDO ESTÁS EN UN ESTADO MENTAL EN EL QUE SABES EXACTAMENTE LO QUE QUIERES... Y ESTÁS TOTALMENTE DECIDIDO A NO RENUNCIAR HASTA CONSEGUIRLO."

ALEXANDER GRAHAM BELL

4. Delega tus intereses Aprender a pedir guía a través de la oración es decepcionantemente simple. Cuando lo haces con consistencia, los resultados son espectaculares. No tiene que requerirte mucho tiempo ni preparación. En ocasiones no significa sino decir de forma directa: "Dios, ¿qué debería hacer?", o "Estoy comenzando a ser guiado con toda claridad". Cada vez que lo haces y que estás dispuesto a esperar en silencio la respuesta, estás abriendo el canal para que la intuición divina se vierta en tu corazón y en tu mente. La vida será mucho más fácil y menos estresante. La próxima vez que tengas problemas, prueba este experimento: en lugar de rumiar el asunto una y otra vez mentalmente, pregunta a Dios: "¿Qué debería hacer?" Luego siéntate y serena tus pensamientos. Logra un estado de ánimo receptivo y abierto y permite que se forme la respuesta. Al hacerlo, comienza a ocurrir algo milagroso. Estás oprimiendo el interruptor para recibir la sabiduría universal. A través de tu pregunta y de meditar, orar y favorecer, estás abriendo el canal para que esta sabiduría te informe el mejor curso de acción.

5. Sigue la guía que recibas En alguna ocasión escuché a alguien afirmar que "si sigues vivo, Dios sigue teniendo planes para ti". Cuando comienzas a confiar en tu guía interior y a actuar de acuerdo con ella, comienzas a vivir tus sueños. Estás en contacto con tu misión especializada en esta Tierra. Descubres que comienza a producirse un flujo constante en tu experiencia cotidiana. Tu vida goza de paz y

"LA 'SERENA Y PEQUEÑA VOZ' DE DIOS NUNCA ME LLAMA COMO SI FUERA OTRO HOMBRE. ME CONMINA A ERGUIRME POR ENTERO Y A SATISFACER LA PROMESA QUE DUERME EN MI INTERIOR."

SAM KEEN

equilibrio en lugar de padecer por tensión y esfuerzo. El Universo te da lo que necesitas cuando lo necesitas. Las oportunidades se abren en el momento justo para ayudarte a realizar tus sueños. Espera la guía de Dios, aliméntala, escúchala, confía en ella y actúa en consecuencia.

6. Ríndete y confía Creo que Woody Allen se encontraba probablemente en las tribulaciones de la rendición y la confianza cuando exclamó: "¡Si Dios me diera algún signo claro! Como depositar una suma gorda a mi nombre en un banco de Suiza." Cuando haz hecho todo el trabajo requerido en los pasos anteriores, puedes estar seguro que todo se desarrollará en el momento justo. Ésta es la parte más difícil para la mayoría. Hay que ser paciente durante esta fase. Cuando tienes claras tus metas e intenciones y estás en paz contigo mismo y confías en tu guía, ocurre la magia. Aparece gente que te ayuda, las puertas se abren, tu mundo se llena de ricas posibilidades.

7. Aprecia y disfruta tu vida Hay muchos caminos que pueden llevarte a una vida satisfactoria. Cualquier cosa que te mantenga centrado en el amor, la compasión, la alegría, el perdón, el servicio a los demás y recibir orientación es el camino correcto para ti.

Escribe en tu diario, sigue tus sueños, baila, vive con alegría, escucha música animada, asiste a los servicios religiosos, lee libros espirituales, juega con abandono, practica yoga, medita, canta, muéstrate agradecido diariamente, consiéntete, da una caminata o ve a patinar, ora, pasea con niños, fantasea, duerme, ve de retiro, huele las flores, pide orientación, habla con otros que pueden guiarte en tu búsqueda espiritual, elige sin arrepentimiento, pinta, ama a tus amigos y parientes, pregunta, da pequeños pasos y sigue caminando. Todo se resolverá.

¡TE ESPERAN NUEVAS JORNADAS!

La voluntad de Dios es que vivas la vida que reside en tu corazón, la que está hecha de tus sueños y esperanzas. Te deseo lo mejor en las nuevas jornadas que te esperan. Que recibas con toda claridad tu intuición divina y que logres una vida llena de alegría y abundancia... ¡Te gustará!

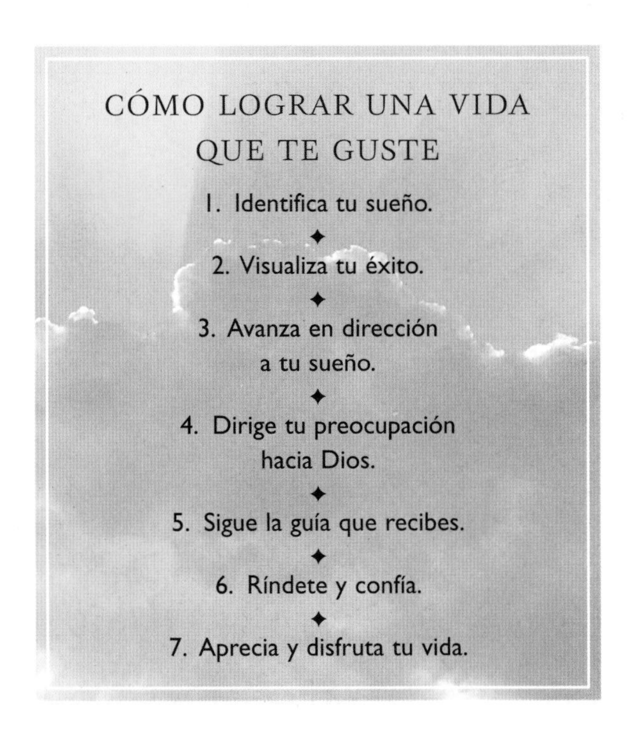

CÓMO LOGRAR UNA VIDA QUE TE GUSTE

1. Identifica tu sueño.
2. Visualiza tu éxito.
3. Avanza en dirección a tu sueño.
4. Dirige tu preocupación hacia Dios.
5. Sigue la guía que recibes.
6. Ríndete y confía.
7. Aprecia y disfruta tu vida.

BIBLIOGRAFÍA Y FUENTES

ALLEN, JAMES As a Man Thinketh (Andrews McMeel Publishing, 1999)

BLOCH, DOUGLAS Words That Heal: Affirmations and Meditations for Daily Living (Pallas Communications, 1997)

BOLEN, JEAN SHINODA The Millionth Circle: How to Change Ourselves and the World: The Meaning and Maintenance of Women's Circles (Conari Press, 1999)

BOOTH, FATHER LEO The Wisdom of Letting Go (Scp Limited, 1999)

BORYSENKO, JOAN Woman's Journey to God: Finding the Feminine Path (Riverhead Books, 2000)

BUTTERWORTH, ERIC Spiritual Economics: The Principles and Process of True Prosperity (Unity, 1998)

CADDY, EILEEN Opening Doors Within (Findhorn Press, 1996)

CAMERON, JULIA Transitions: Prayers and Declarations for a Changing Life (Jeremy P. Tarcher, 1999)

CARLSON, RICHARD Don't Sweat the Small Stuff--And It's All Small Stuff (Hyperion, 1997)

CHOQUETTE, SONIA Your Heart's Desire: Instructions for Creating a Life You Really Want (Three Rivers Press, 1997)

CONNY, BETH MENDE Believe in Yourself (Peter Pauper Press, 1998)

DANIEL, ALMA Ask Your Angels (Ballantine Books, 1992)

DYER, WAYNE Real Magic: Creating Miracles In Everyday Life (HarperCollins, 1992)

EMERY, MARCIA The Intuitive Healer: Assessing Your Inner Physician (St. Martin's Press, 1999)

FOUNDATION FOR INNER PEACE A Course in Miracles (Viking Press, 1996)

FRANQUEMONT, SHARON You Already Know What to Do: 10 Invitations to the Intuitive Life (Jeremy P. Tarcher, 1999)

GAWAIN, SHAKTI Living in the Light: A Guide to Personal and Planetary Transformation (New World Library, 1998)

JACKSON BROWN, JR. H. The Complete Life's Little Instruction Book (Rutledge Hill Press, 1997)

JEFFERS, SUSAN Feel the Fear...and Beyond: Mastering the Techniques for Doing It Anyway (Random House, 1998)

KARPINSKY, GLORIA Where Two Worlds Touch: Spiritual Rites of Passage (Ballantine Books, 1990)

KEEN, SAM Learning to Fly: Trapeze--Reflections on Fear, Trust, and the Joy of Letting Go (Broadway Books, 1999)

MANIN MORRISSEY, MARY Building Your Field of Dreams (Bantam Books, 1997)

MCMEEKIN, GAIL The Twelve Secrets of Highly Creative Women: A Portable Mentor (Conari Press, 2000)

NAPARSTEK, BELLERUTH Your Sixth Sense: Activating Your Psychic Potential (HarperSanFrancisco, 1997)

PEALE, NORMAN VINCENT The Power of Positive Thinking (Ballantine Books, 1996)

PECK, M. SCOTT The Road Less Traveled: A New Psychology of Love, Traditional Values and Spiritual Growth (Simon & Schuster, 1998)

PEIRCE, PENNEY The Present Moment: A Daybook of Clarity and Intuition (Contemporary Books, 2000)

PRATHER, HUGH Spiritual Notes to Myself: Essential Wisdom for the 21st Century (Conari Press, 1998)

RICHARDSON, CHERYL Take Time for Your Life: A Personal Coach's Seven-Step Program for Creating the Life You Want (Broadway Books, 1999)

ROBINSON, LYNN A. The Complete Idiot's Guide to Being Psychic (Macmillan Publishing, 1999)

ROSANOFF, NANCY The Complete Idiot's Guide to Making Money Through Intuition (Macmillan Publishing, 1999)

SCHULTZ, MONA LISA Awakening Intuition: Using Your Mind-Body Network for Insight and Healing (Harmony Books, 1998)

SIEGEL, BERNIE Prescriptions for Living: Inspirational Lessons for a Joyful, Loving Life (Harperperennial Library, 1999)

SINETAR, MARSHA Sometimes Enough Is Enough: Spiritual Comfort in a Material World (Cliff Street Book, 2000)

ST. JAMES, ELAINE Living the Simple Life: A Guide to Scaling Down & Enjoying More (Hyperion, 1998)

SWINDOLL, CHARLES The Mystery of God's Will: What Does He Want for Me? (Word Books, 1999)

THICH NHAT HANH The Heart of the Buddha's Teaching: Transforming Suffering Into Peace, Joy & Liberation (Broadway Books, 1999)

WIEDER, MARCIA Doing Less and Having More: Five Easy Steps for Achieving Your Dreams (Quill, 1999)

WILLIAMSON, MARIANNE Enchanted Love: The Mystical Power of Intimate Relationships (Simon & Schuster, 1999)

INTUICIÓN Y RECURSOS ESPIRITUALES

INTUITION NETWORK STUDY GROUPS
c/o INREACHING
1502 Tenth Street
Berkeley, CA. 94710
(510) 526-5510
e-mail: Inreaching@aol.com

INTUITION MAGAZINE
275 Brannan Street
San Francisco, CA 94107
(415) 538-8171
http://www.intuitionmagazine.com

INTUITION NETWORK
369-B Third Street, #161
San Rafael, CA 94901
(415) 256-1137
http://www.intuition.org

NEW AGE JOURNAL
New Age Publishing
42 Pleasant St
Watertown MA 02472
(800) 782-7006
http://www.newage.com

UNITY SCHOOL OF CHRISTIANITY
1901 NW Blue Parkway
Unity Village, MO 64065-0001
(816) 524-3550
http://www.unityworldhq.org

UNITY MAGAZINE
1901 NW Blue Parkway
Unity Village, MO 64065-0001
800-669-0282
http://www.unityworldhq.org

SCIENCE OF MIND MAGAZINE
3251 West Sixth Street
Los Angeles, CA 90020-5096
(800) 247-6463
http://www.scienceofmind.com

TALLERES

Lynn Robinson ofrece pláticas y dirige seminarios en todo el territorio de los EUA y en muchos otros países. Sus temas incluyen desarrollo de la intuición, incremento de abundancia financiera a través de la intuición y técnicas para crear una vida que te guste. Es conocida por sus intuiciones espontáneas sobre los integrantes de su público.

AUDIOCINTAS

Lynn produce una serie de cintas de imaginación guiada. Entre los títulos: "Prosperity! The Intuitive Path to Creating Abundance", "Creating the Life You Want", entre muchos otros.

CARTA INTUITIVA POR E-MAIL GRATIS

Recibirás un boletín mensual por correo electrónico junto con información que puedes aprovechar, como: consejos valiosos sobre cómo desarrollar tu intuición, reseñas de libros de temas de interés para los lectores, más vínculos con sitios web sobre intuición y espiritualidad.

SE SOLICITAN RELATOS DE INTUICIÓN

¡A Lynn le encantaría escuchar tus relatos sobre intuición! Si tienes un relato verdadero inspirador o provocador sobre el modo como hayas desarrollado y utilizado tu propia sabiduría interior, escribe por favor o envía un correo electrónico a Lynn a:

INTUITIVE CONSULTING & COMMUNICATION (IC&C)
P:O: Box 81218, EUA
800/925-4002 o 617/964-0075
E-mail: Lynn@LynnRobinson.com
http://www.LynnRobinson.com

AGRADECIMIENTOS

DEL AUTOR

Un buen libro es resultado de la colaboración, de modo que me considero afortunada por haber contado con tanto apoyo al preparar *Intuición divina*. Toda mi gratitud y aprecio a: LaVonne Carlson por creer en mi libro y presentarme a Dorling Kindersley. A mi maravilloso agente, John Willig, quien siempre está dispuesto a prestar atentos oídos, útil motivación y un gran sentido del humor. A Barbara Minton, mi editora, quien ha sido tan paciente y tan fácil para trabajar con ella. A los diseñadores, editores y publicistas de DK que han trabajado duro detrás del escenario para hacer que este libro sea un éxito.

A mi querida amiga y hermana del alma Laura Walker, por su entusiasmo, apoyo y, sobre todo, por su amistad. Laura, es tan divertido compartir enormes sueños contigo. A Shane Brodock, mi extraordinaria asistente virtual, que me mantiene sana, concentrada, organizada y me hace reír. ¡Eres un regalo de Dios!

A mis estupendos amigos Bob y Gail Beck, Savita y Michael Brewer, Michael Gerrish, Shiri Hughes, Gail McMeekin, Marina Petro, Jean Redpath, Cheryl Richardson, Gayle Rosen, Barbara Selwyn, Mark y Beth Sullivan y tantos otros. Gracias por estar allí.

A mi hijastro, Cliff. Te deseo muchas bendiciones al seguir por tu camino para construir una vida que te guste. A mi marido, Gary. Me siento tan bendecida por tu amor y apoyo (y gran trabajo de edición). Soy muy afortunada por estar casada contigo.

DEL EDITOR

Dorling Kindersley quisiera agradecer a Claire Legemath por el concepto de diseño original, a Jason Arnold por la asistencia editorial, a Angela Anderson y Marie Osborn por la investigación de imagen y a Louise Waller por la asistencia editorial.

FOTOGRAFÍAS DE AGENCIA

El editor desea agradecer a las siguientes fuentes por su permiso para reproducir las imágenes en este libro:

Robert Harding Picture Library: 44, 60, 102, 152; Adam Woolfitt 36; Dave Jacobs 64; Douglas Peebles 30; Jeremy Bright 10; Raj Kamal 84.

Science Photo Library: Oscar Burriel 14.

Tony Stone Images: Art Wolfe 96; Darrell Gulin 18; David Madison 134; Ian Shaw 24; Jeremy Walker 118; Kim Westerskov 50; Roine Magnusson 56; Schafer & Hill 68.

Telegraph Colour Library: 146; Andy Glass 40; Benelux Press 90; Greg Pease 128; J.T. Turner 80; Jonathan Scott 74; Kathy Collins 140; P. Gridley 13, 17, 23, 29, 35, 38, 43, 49, 54, 59, 63, 67, 73, 79, 83, 88, 94, 100, 106, 110, 117, 121, 126, 127, 132, 138, 144, 149, 157; Ulf Sjostedt 112.

Geoff Ward: 108, 122.

DK PICTURE LIBRARY

Brian Cosgrove 8